高职高专规划教材

桥梁工程施工

主　编　于景超　汤美娜
副主编　王东博　黄　健

中国建筑工业出版社

图书在版编目（CIP）数据

桥梁工程施工/于景超，汤美娜主编. —北京：中国建筑工业出版社，2018.8
高职高专规划教材
ISBN 978-7-112-22408-1

Ⅰ.①桥… Ⅱ.①于…②汤… Ⅲ.①桥梁施工-工程施工-高等职业教育-教材 Ⅳ.①U445.4

中国版本图书馆CIP数据核字（2018）第145968号

全书共分13个项目，项目1为桥梁基本知识，主要学习桥梁的基本组成、分类、桥梁上的作用、桥梁施工图等内容；项目2到项目13，主要学习桥梁基础、墩台及桥跨结构、桥面系等各部分的施工技术，包括施工方法概述、施工前的准备工作、施工操作工艺、施工质量检验标准等。

本书可作为高职道路与桥梁工程技术专业、市政工程技术专业、工程监理、工程检测、工程测量、城市轨道交通、工程造价等土建类专业的教学用书，相关专业的继续教育、职业培训等的培训教材，也可供从事公路、市政桥梁工程建设的相关技术人员参阅。

责任编辑：王美玲 吕 娜

高职高专规划教材
桥梁工程施工
主 编 于景超 汤美娜
副主编 王东博 黄 健

*

中国建筑工业出版社出版、发行（北京海淀三里河路9号）
各地新华书店、建筑书店经销
北京红光制版公司制版
天津翔远印刷有限公司印刷

*

开本：787×1092毫米 1/16 印张：12 字数：292千字
2018年9月第一版 2018年9月第一次印刷
定价：**30.00**元
ISBN 978-7-112-22408-1
（32275）

版权所有 翻印必究
如有印装质量问题，可寄本社退换
（邮政编码100037）

前　言

本教材根据目前高职院校课程改革要求及学生学习特点，以培养面向生产管理一线的应用型技术人才为目标，选取了桥梁工程施工中最常见的典型工作内容作为学习项目进行编写，以住房城乡建设现行城市桥梁工程施工与验收规范、国内大型施工企业成型工艺过程、施工工法为依据，重点突出每个分部（子分部）工程施工前的准备工作（包括技术准备、施工机具与设备、材料准备等）、施工工艺流程、施工操作方法、技术要求、质量检验标准等内容，完整体现分部工程、子分部工程的全部工艺过程，教材中重点介绍近年来本行业的标准化施工技术及智能化施工设备，体现了教材的先进性，使用更多的施工现场图片，使教材更形象、简明、易读。学生在阅读教材的同时，可使用手机扫描教材上的二维码，方便地观看相应的施工视频，使教材更加立体化，使学习更直观、更轻松。每个项目学习结束后，给出了课下一体化实训内容，使理论学习和动手实践相结合，以加深对所学内容的认识，更有利于技能的培养。

本教材由辽宁城市建设职业技术学院于景超、汤美娜主编。全书共13个学习项目，其中项目1、6、7、8、9、10、11由于景超编写，项目2、3由辽宁城市建设职业技术学院汤美娜编写，项目4、12由辽宁城市建设职业技术学院黄健编写，项目5、13由辽宁城市建设职业技术学院王东博编写。全书由于景超统编并修改定稿。

在本教材的编写过程中参考和引用了很多有价值的文献、图片资料，谨向这些文献、图片的作者致以诚挚的谢意，本教材的部分二维码视频选自优酷网，谨向网站及视频提供者（见视频）表示由衷的感谢。

由于作者的水平和经验有限，编写时间仓促，错误和不当之处在所难免，恳请读者批评指正。

目 录

项目1　桥梁基本知识 …………………………………………………………… 1
项目2　钻孔灌注桩基础施工 …………………………………………………… 25
项目3　基桩承台施工 …………………………………………………………… 48
项目4　现浇混凝土墩台身施工 ………………………………………………… 57
项目5　支架法现浇墩台盖梁施工 ……………………………………………… 67
项目6　先张法预应力简支空心板梁预制施工 ………………………………… 76
项目7　预制梁的架设、安装施工 ……………………………………………… 88
项目8　先简支后连续小箱梁施工 ……………………………………………… 97
项目9　预应力混凝土连续箱梁支架现浇施工 ………………………………… 117
项目10　预应力混凝土连续箱梁悬臂浇筑施工 ………………………………… 136
项目11　钢—混凝土结合梁施工 ………………………………………………… 148
项目12　地道桥箱涵顶进施工 …………………………………………………… 154
项目13　桥面防水层和铺装层施工 ……………………………………………… 166
附表　检验实验记录表 …………………………………………………………… 178
参考文献 …………………………………………………………………………… 188

项目 1　桥 梁 基 本 知 识

项目概述

本项目针对桥梁初学者，主要学习桥梁的基本组成、各部分专业名称、基本设计尺寸、桥梁分类、设计荷载、桥梁施工图纸初步知识等基本内容，作为后续各学习项目的基础。

项目学习目标

1. 能说明桥梁的基本组成，能在图上或实地指出桥梁的各部分名称。
2. 能理解桥梁主要设计尺寸的含义。
3. 掌握桥梁按结构体系分类的各类桥梁的主要特点，并了解其他分类方法。能在图上或实地认识不同结构类型的桥梁。
4. 了解桥梁设计荷载的种类。
5. 掌握桥梁施工图纸的组成及各部分表达的内容，能进行结构尺寸的推算。

1.1　桥梁的基本组成

桥梁一般由主要承载结构和附属结构组成，如图 1-1 所示。

1.1.1　主要承载结构

包括桥跨结构、支座、桥墩、桥台和基础五个部分，是桥梁结构安全的根本保证。

（1）桥跨结构：桥跨结构又称桥孔结构或上部结构，是线路中断时跨越障碍的承载结构。它的作用是承受车辆交通荷载和人群荷载，通过支座将荷载传给桥梁墩台。

（2）支座：支座是设于墩台顶部，支撑桥跨结构并将荷载传给墩台的传力装置。

（3）桥墩：设于多孔桥跨的中间部位，支撑相邻桥跨结构并将荷载传至基础。

（4）桥台：设置在桥梁的两端，支撑桥跨结构并使桥梁与路堤相连接的结构部分。承受桥跨结构传递的荷载及路堤土压力，并传至基础。

（5）基础：桥墩和桥台底部的奠基部分称为基础，是桥梁最下部分的结构。基础承担了由桥墩和桥台传来的全部荷载，并最终将荷载传至地基。因此基础底部应设在有足够承载力的持力层处，并应具有一定的埋置深度。

1.1.2　附属设施

桥梁基本附属设施包括桥面铺装、排水防水系统、伸缩装置、栏杆（或防撞墙）、照明设施等五部分，又称为桥面系，直接与桥梁服务功能有关，其他附属设施包括桥头搭板、锥形护坡、台前护坡等。

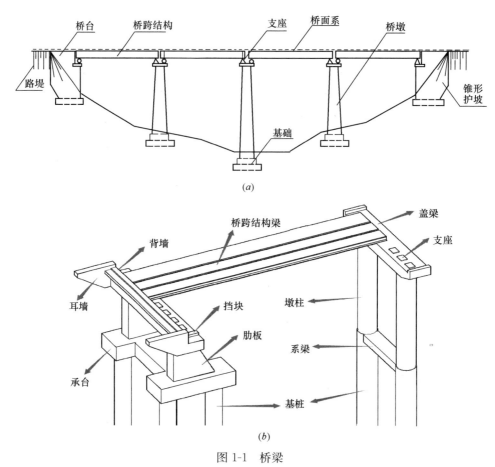

图 1-1 桥梁
(a) 桥梁基本组成；(b) 梁式桥主要承载结构

1.2 桥梁结构的主要设计尺寸

桥梁结构的主要设计尺寸主要包括沿桥梁长度方向和高度方向的尺寸，如图 1-2

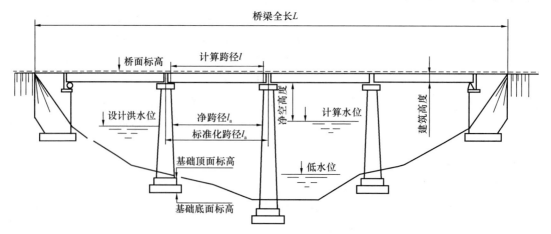

图 1-2 桥梁结构的基本设计尺寸

所示。

(1) 计算跨径：对于设支座的桥梁，为同一孔桥跨结构相邻两支座中心之间的水平距离；对于不设支座的桥梁，为上下部结构相交面中心之间的水平距离，用 l 表示。桥梁结构的力学计算以计算跨径为基准。

(2) 净跨径：对于设支座的桥梁，为设计洪水位上相邻两桥墩（或桥墩与桥台）间的水平净距；不设支座的桥梁，为同一孔桥跨结构上下部结构相交处内缘间的水平净距离，用 l_0 表示。

(3) 总跨径：多孔桥梁中个孔净跨径的总和，用 Σl_0 表示。它反映桥下排泄洪水的能力。

(4) 标准化跨径：对梁式桥，指两相邻桥墩中线间水平距离或桥墩中线与台背前缘之间的水平距离；对于拱式桥和涵洞，以净跨径为标准化跨径，用 l_k 表示。

(5) 桥梁全长：对于有桥台的桥梁，为沿桥梁中心线两岸桥台侧墙尾端之间的水平距离；无桥台的桥，为桥面系的行车道长度，用 L_q 表示。

(6) 桥下净空高度：计算洪水位或计算通航水位或桥梁所跨越的线路的路面中心与桥跨结构最下缘之间的高差，称为桥下净空高度。桥下净空高度应满足流水、通航或通车的规定要求，用 H_0 表示。

(7) 桥梁建筑高度：桥面行车道标高与桥跨结构最下缘标高之差称为桥梁建筑高度，用 h 表示。线路定线中所确定的桥面标高与桥下净空限界顶部标高之差称为桥梁容许建筑高度。桥梁的实际建筑高度只能控制在容许建筑高度范围之内。

1.3 桥梁的分类

1.3.1 按受力体系分类

按受力体系分类是以桥梁结构的力学特征为基本着眼点对桥梁进行分类，以利于把握各种桥梁的基本受力特点，是桥梁最重要的分类方法，按主要承重构件的受力特点可分为梁桥、拱桥、刚架桥、斜拉桥、悬索桥、组合体系等六种体系。

1. 梁桥

梁桥的主要承重结构为梁结构，竖向荷载作用下只承受弯矩和剪力。由于竖向荷载作用下支撑处无水平反力产生，且荷载的作用方向与承重结构的轴线接近垂直，因而与同样跨径的其他结构体系相比，梁桥内产生的弯矩最大，因此梁桥需用抗弯能力较强的材料（钢、配筋混凝土、钢—混凝土组合结构等）来建造。梁式桥按静力体系分为简支梁桥、悬臂梁桥和连续梁桥，如图 1-3 所示。其施工方法有预制装配和现浇两种。这种梁桥的结构简单，施工方便，简支梁对地基承载力的要求也不高，其常用跨径在 25m 以下，当跨径较大时，需采用预应力混凝土简支梁桥，但跨度一般不超过 50m。为了改善受力条件和使用性能，地质条件较好时，中、小跨径梁桥均可修建连续梁桥，对于很大跨径的大桥和特大桥，可采用预应力混凝土梁桥（图 1-4）、钢桥和钢—混凝土组合梁桥。

2. 拱桥

拱式桥的主要承重结构是主拱圈或拱肋（拱圈横截面设计成分离形式时称为拱肋），如图 1-5 所示。拱结构在竖向荷载作用下，桥墩和桥台支撑处会产生水平推力。这种水平

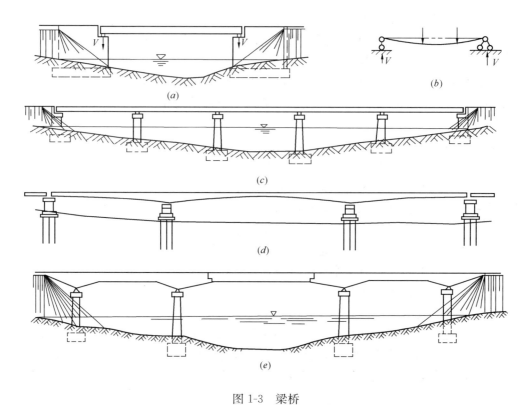

图 1-3 梁桥
（a）单跨简支梁；（b）简支梁受力图式；（c）等截面连续梁；（d）变截面连续梁；（e）悬臂梁

图 1-4 沈阳市一环路北海街预应力连续箱梁高架桥

推力将大大抵消拱圈（或拱肋）内由荷载所引起的弯矩。因此，与同跨径的梁相比，拱的弯矩、剪力和变形都要小得多，因此在竖向荷载作用下拱桥的承重结构以承受轴向压为主，同时也承受一定的弯矩和剪力。拱式桥通常可用抗压能力强且较经济的圬工材料（如砖、石、混凝土）和钢筋混凝土等来建造，如图1-6所示。拱桥不仅跨越能力很大，而且外形美观，在条件许可的情况下，修建拱桥往往是经济合理的，一般在跨径500m以内均可作为比选方案。同时应当注意，为了确保拱桥的安全，墩台和地基必须能经受住较大的水平推力的作用。此外，拱桥施工的难度和风险一般比梁桥要大些。

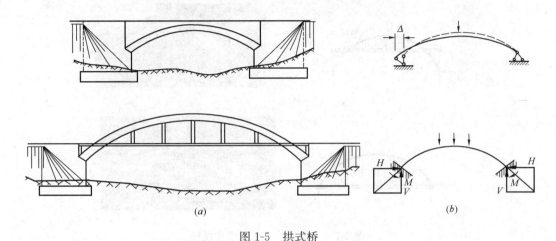

图1-5 拱式桥

图1-6 钢筋混凝土箱型拱桥

按照行车道处于主拱圈的不同位置，拱桥分为上承式拱、中承式拱和下承式拱桥三种，如图1-7所示。

主跨552m的重庆朝天门大桥，为目前世界最大跨度中承式钢桁梁系杆拱桥，如图1-8所示。

3. 刚架桥

刚架桥的主要承重结构是梁与墩柱（或竖墙）整体结合在一起的刚架结构，如图1-9（a）所示的门式刚架在竖向荷载作用下，梁和柱的连接处将产生负弯矩；会抵消部分梁部的跨中正弯矩，因此，其弯矩值较同跨径的简支梁小，立柱承受弯矩，也承受轴力和

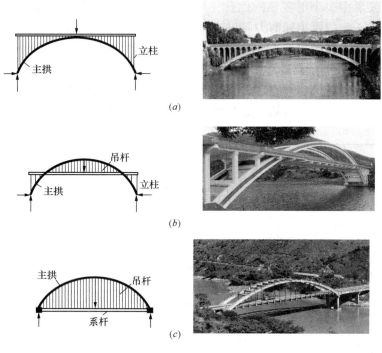

图 1-7 上承、中承和下承式拱桥
(a) 上承式拱桥；(b) 中承式拱桥；(c) 下承式拱桥

图 1-8 重庆朝天门大桥

剪力，如图 1-9（b）所示；在竖向荷载作用下，柱脚处具有水平反力，梁内有轴压力，因而其受力状态介于梁桥与拱桥之间，其类型有门形刚架、T 形刚构桥（带挂孔的或不带挂孔的，如图 1-9c 所示）、连续刚构、斜腿刚架等。

如图 1-9（d）所示的连续刚构桥，属于多次超静定结构，在设计中一般应减小墩柱顶端的水平抗推刚度，使得温度变化下在结构内不致产生较大的附加内力。对于很长的桥，为了降低这种附加内力，往往在两侧的一个或数个边跨上设置滑动支座，从而形成如

图 1-9（e）所示的刚构—连续组合体系桥型。这种桥梁体系既保持了连续梁的受力优点，又节省了连续梁中设置大型支座的费用和施工中的体系转换，减少了桥墩及基础的工程量，改善了结构在水平荷载作用下的受力性能，适用于需要布置大跨、高墩的桥位。近年来，连续刚构体系在桥梁工程中的应用越来越普遍，最大跨径已超过 300m。

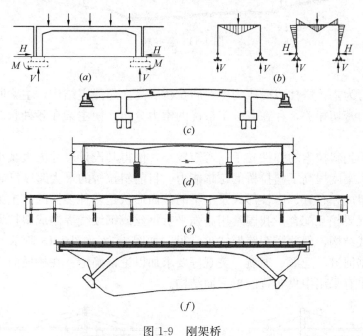

图 1-9 刚架桥

当跨越陡峭河岸和深谷时，修建斜腿式刚构桥往往既经济合理、又造型轻巧美观，如图 1-9（f）、图 1-10 所示。由于斜腿墩柱置于岸坡上，有较大斜角，中跨梁内的轴压力也很大，因而斜腿刚构桥的跨越能力比门式刚构桥要大得多，但斜腿的施工难度较直腿大些。

图 1-10 斜腿刚构桥

4. 斜拉桥

斜拉桥由塔柱、主梁和斜拉索组成，如图 1-11 所示。它的基本受力特点是：受拉的斜索将主梁多点吊起，并将主梁的恒载车辆等其他荷载传至塔柱，再通过塔柱基础传至

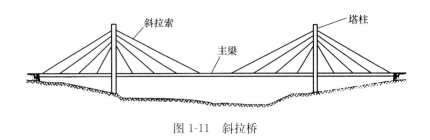

图 1-11 斜拉桥

地基。

主梁以受弯为主，塔柱以受压为主。斜拉桥属高次超静定结构，主梁所受弯矩大小与斜拉索的初张力密切相关，存在着一定最优的索力分布，使主梁在各种状态下的弯矩（或应力）最小。

主梁由于受到斜拉索的弹性支承，弯矩较小，使得其设计尺寸大大减小，结构自重显著减轻，因而大幅度提高了斜拉桥的跨越能力。目前斜拉桥的最大跨度已超过千米。

斜拉索的组成和布置、塔柱形式及主梁的截面形状是多种多样的，主梁的截面形态与拉索的布置情况要相互配合。我国常用高强平行钢丝或钢绞线等制成斜拉索，常用的斜拉桥是三跨双塔式结构，但独塔双跨形式也常见，如图 1-12 及图 1-13 所示。具体形式及布置的选择应根据河流、地形、通航、美观等要求加以论证确定。在桥横向，斜拉索一般按双索面布置，也有采用中央布置的单索面结构。

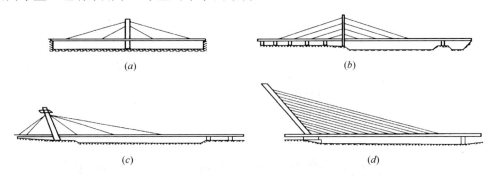

图 1-12 独塔斜拉桥

图 1-13 马新大桥

按照塔、梁、墩之间不同结合方式，斜拉桥分成如下几类：

1) 漂浮体系

漂浮体系的特点是塔墩固结、塔梁分离。主梁除两端有支承外，其余全部用拉索悬吊，属于一种在纵向可稍作浮动的多跨弹性支承连续梁，如图1-14所示。

2) 半漂浮体系

半漂浮体系又称为支承体系，其特点是塔墩固结，主梁在塔墩上设置竖向支承，成为具有多点弹性支承的三跨连续梁或悬臂梁，如图1-15所示。

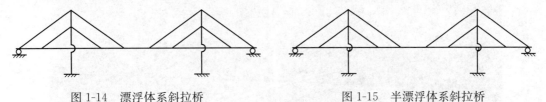

图1-14 漂浮体系斜拉桥　　　　　图1-15 半漂浮体系斜拉桥

3) 塔梁固结体系

塔梁固结体系的特点是将塔梁固结并支承在墩上，斜拉索为弹性支承。这种体系的连续主梁一般在一个塔柱处设置固定支座，而其余均为纵向可以活动的支座，如图1-16所示。

4) 刚构体系

刚构体系的特点是塔梁墩相互固结，形成跨度内具有多点弹性支承的刚构，如图1-17所示。

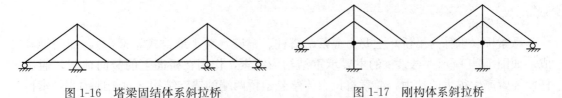

图1-16 塔梁固结体系斜拉桥　　　　图1-17 刚构体系斜拉桥

2012年建成的主跨1104m的俄罗斯岛大桥，为目前世界最大跨度的斜拉桥，如图1-18所示。

图1-18 俄罗斯岛大桥

图 1-19 所示为 2017 年竣工的世界最长跨海大桥——港珠澳大桥中的海上斜拉桥。

图 1-19　港珠澳大桥海上桥梁中的青州航道桥
（空间双索面钢箱梁斜拉桥）

5. 悬索桥

悬索桥（也称为吊桥）主要由缆索、塔柱、锚碇（对于地锚式悬索桥）、加劲梁等组成，如图 1-20 所示。悬索桥的主要承重结构为缆索，作用在桥面上的竖向荷载，通过吊杆使缆索产生很大的拉力，缆索将拉力传给悬索桥两端的锚碇结构（对于地锚式悬索桥）。为了承受巨大的缆索拉力，锚碇结构需做得很大（重力式锚碇），或者依靠天然完整的岩体来承受水平拉力（隧道式锚碇），缆索传至锚碇的拉力可分解为垂直和水平两个分力，因而悬索桥也是具有水平反力（拉力）的结构。缆索通常用高强钢丝成股编制成圆形钢缆，以充分发挥其优良的抗拉性能。由于悬索桥中充分发挥了钢材极高的抗拉性能，且承重结构自重较小，所以悬索桥的跨越能力远超过其他各种桥型，是目前超大跨度桥梁的首选桥型。图 1-20 为山区跨越山谷或河流的单跨式悬索桥，还有大江或湖海上跨越深水区的三跨式悬索桥。上述悬索桥称为地锚式悬索桥。

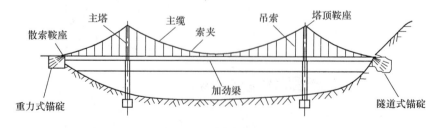

图 1-20　悬索桥

悬索桥的另一种形式，是自锚式悬索桥，即取消锚碇，而将缆索直接锚固在加劲梁上，此时缆索水平分力由加劲梁承受，竖向分力则由梁端配重相平衡。自锚式悬索桥的加劲梁要承受巨大的轴向压力，随着跨径的增大截面设计尺寸和自重增加明显，导致主缆和加劲梁用钢量增大，因而，跨径受到限制。

在所有桥梁体系中，悬索桥的结构刚度最小，属柔性结构，在车辆荷载和风荷载作用下，会产生较大的变形和振动，在设计和施工中应予以特别的重视。

2009年12月建成通车的浙江舟山西堠门大桥如图1-21所示，主跨1650m，为目前世界最大跨度的钢箱梁悬索桥。

图1-21　舟山西堠门大桥

主跨1191m的日本明石海峡大桥，如图1-22所示，为目前世界最大跨度悬索桥。

图1-22　明石海峡大桥（钢桁梁悬索桥）

6. 组合体系桥

根据结构的受力特点，由几个不同体系的结构组合而成的桥梁称为组合体系桥。如图 1-23（a）所示为一种梁和拱的组合体系，其中梁和拱都是主要承重结构，两者相互配合共同受力。吊杆将梁向上吊住，减小了梁中的弯矩；同时，拱的水平推力直接传给梁来承受，而对墩台没有推力作用，对地基的要求不高。因而，这种组合体较一般简支梁桥有更大的跨越能力。图 1-23（b）所示为拱置于梁的下方，通过立柱对梁起辅助支承作用的组合体系桥。此外，还有用斜拉索和吊索组成的斜拉、悬吊组合桥梁等，如图 1-23（c）所示。

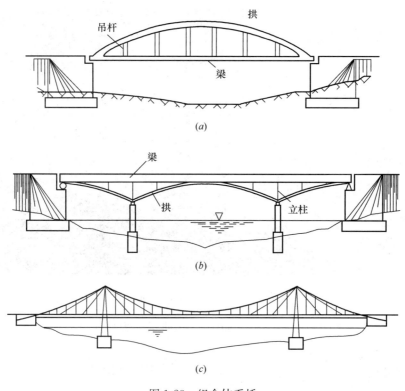

图 1-23 组合体系桥

1.3.2 桥梁的其他分类方法简介

除了上述按受力特点分类外，桥梁还可按跨径大小、用途、大小规模和建桥材料等其他方面将桥梁进行分类：

（1）按单孔跨径和多孔跨径总长，可分为：特大桥、大桥、中桥、小桥和涵洞，见表 1-1。

桥梁按跨径分类　　　　　　表 1-1

桥涵分类	多孔跨径总长 L (m)	单孔跨径 l_b (m)
特大桥	$L>1000$	$l_b>150$
大桥	$100 \leqslant L \leqslant 1000$	$40 \leqslant l_b \leqslant 150$
中桥	$30<L<100$	$20 \leqslant l_b<40$
小桥	$8 \leqslant L \leqslant 30$	$5 \leqslant l_b<20$
涵洞	—	$l_b<5$

（2）按桥跨结构所使用的材料，可分为：圬工桥、钢筋混凝土桥、预应力混凝土桥、钢桥、钢—混凝土组合桥等。
（3）按跨越障碍的性质，可分为：跨河桥、跨海桥、跨线桥、跨深谷高架桥等。
（4）按桥跨结构的平面布置，可分为：正交桥、斜交桥和弯桥。
（5）按行车道与承重结构的相对位置，可分为：上承式桥、中承式桥和下承式桥。
（6）按用途来划分，可分为：公路桥、铁路桥、公铁两用桥、城市桥梁、军用桥、农桥、人行桥、水运桥（或渡槽）、管线桥、航站桥、观景桥等。
（7）按桥孔是否固定划分，可分为：固定式桥梁和活动式桥梁（开启式、升降式、浮桥等）。

1.4 桥梁上的作用

1.4.1 概述

所有引起结构反应的原因统称为作用，是施加在结构上的一组集中力或分布力，或引起结构外加变形或约束变形的原因。前者称直接作用，亦称荷载，如车辆、人群、结构自重等；后者不是以外力形式施加于结构，它们产生的效应与结构本身的特性、结构所处的环境等有关，称为间接作用（不宜称为荷载），如地震、结构不均匀沉陷、混凝土收缩徐变、温度变化等。桥梁设计采用的作用种类、形式和大小的取值是否得当，关系桥梁在设计基准期内是否安全可靠，也关系桥梁建设费用是否经济合理。作用按其随时间的变异性分为永久作用、可变作用和偶然作用三类。

1.4.2 永久作用

永久作用指在结构使用期间，其量值不随时间而变化，或其变化值与平均值相比可忽略不计的作用。永久作用包括结构重力、预加力、土的重力、土侧压力、混凝土收缩及徐变作用、水的浮力、基础变位作用。

永久作用的标准值，对结构自重（包括结构附加重力），可按结构构件的设计尺寸与材料的重力密度计算确定。

桥梁结构的自重往往占全部设计作用的绝大部分，例如当跨径为 20m 时，结构自重约占 30% 以上，且随跨径的增大而逐渐增大；当桥梁跨径达 150m 时，结构自重占全部设计作用的 60% 以上。因此，采用轻质、高强材料对减轻结构自重、增大桥梁跨越能力有重大意义。

1.4.3 可变作用

可变作用指在结构使用期间，其量值随时间变化，且其变化值与平均值比较不可忽略的作用，包括汽车荷载、人群荷载、汽车荷载的影响力（汽车荷载的冲击力、制动力、离心力、土侧压力等）、风荷载、温度影响力、支座摩阻力、流冰力、流水压力等。

1. 汽车荷载

桥梁汽车荷载分为车辆荷载和车道荷载。桥梁的主梁、主拱和主桁架等的计算（总体计算）应采用车道荷载，桥梁的横膈梁、行车道板、桥台或挡土墙后土压力的计算（局部计算）应采用车辆荷载。

城市桥梁汽车荷载等级可划分为：城—A级汽车荷载和城—B级汽车荷载两个等级。

城—A级车辆荷载和城—B级车辆荷载的标准载重汽车规定如下：

（1）城—A级标准载重汽车应采用五轴式货车加载，总重力700kN，前后轴距为18.0m，行车限界横向宽度为3.0m，如图1-24所示。

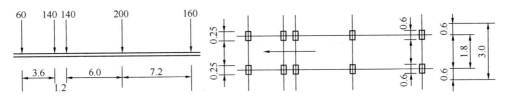

图1-24 城—A级标准车辆纵、平面布置

（2）城—B级标准载重汽车应采用三轴式货车加载，总重力300kN，前后轴距为4.8m，行车限界横向宽度为3.0m，如图1-25所示。

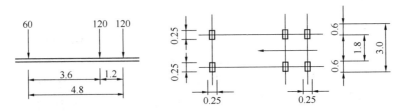

图1-25 城—B级标准车辆纵、平面布置

（3）城—A级和城—B级标准载重汽车的横断面尺寸相同，其横桥向布置应符合图1-26的规定。

（4）城—A级车道荷载和城—B级车道荷载应按均布荷载加一个集中荷载计算，如图1-27所示。均布荷载和集中荷载的标准值应按桥梁的跨径确定，见表1-2所列。

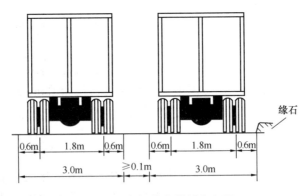

图1-26 车辆荷载横桥向布置

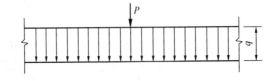

图1-27 城—A级和城—B级车道荷载计算图式

车道荷载中均布荷载和集中荷载的取值　　　　　表1-2

荷载等级	跨径范围（m）	均布载取值（kN/m）		集中荷载（kN）
		弯矩	剪力	
城—A级	2～20	22.5	37.5	140
	20～150	10.0	15.0	300
城—B级	2～20	19.0	25.0	130
	20～150	9.5	11.0	160

车道荷载的单项布载宽度为3.0m，如图1-28（a）所示。为简化桥梁横向分布影响线的计算，车道荷载可按图1-28（b）所示的等效荷载车轮集中力形式布置。

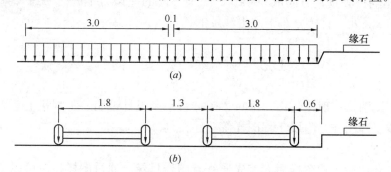

图1-28　车道荷载横向布置（尺寸单位：m）

2. 人群荷载

城市桥梁的人群荷载计算规定如下：

（1）人行道板（局部构件）的人群荷载应按5kN/m²的均布荷载或1.5kN的竖向集中分别计算，并作用在一块构件上，取其不利者。

（2）梁、桁架、拱及其他大跨结构的人群荷载ω，可按下列公式计算，且ω值在任何情况下不得小于2.4kN/m²。

1）当加载长度$l<20$m时，

$$\omega = 4.5 \times \frac{20-\omega_p}{20}$$

2）当加载长度$l \geqslant 20$m时，

$$\omega = \left(4.5 - 2 \times \frac{l-20}{80}\right)\frac{20-\omega_p}{20}$$

式中　ω——单位面积上的人群荷载（kPa/m²）；

　　　l——加载长度（m）；

　　　ω_p——单边人行道宽度（m）；在专用非机动车桥上时宜取1/2桥宽，当1/2桥宽大于4m时应按4m计。

1.4.4　偶然作用

偶然作用是指在结构使用期间出现的概率很小，一旦出现，其值很大且持续时间很短的作用。它包括地震作用、船舶或漂流物的撞击作用和汽车撞击作用。

偶然作用取其标准值作为代表值。偶然作用标准值应根据调查、试验资料，结合工程经验来确定。

1. 地震作用

地震作用主要指地震时强烈的地面运动引起的结构惯性力,它是随机变化的动力作用,其值的大小取决于地震烈度和结构的动力特性以及结构或杆件的质量。

2. 船舶或漂流物的撞击作用

位于通航河流或有漂流物的河流中的桥梁墩台,设计时应考虑船舶或漂流物的撞击作用。

3. 汽车撞击作用

桥梁结构必要时可考虑汽车的撞击作用。汽车撞击力标准值在车辆行驶方向取1000kN,在车辆行驶垂直方向取500kN,两个方向的撞击力不同时考虑,撞击力作用于行车道以上1.2m处,直接分布于撞击涉及的构件上。

1.5 桥梁施工图

工程施工图图样一般按封面、扉页、图样目录、设计说明、工程量汇总表、工程位置平面图、主体工程图样、附属工程图样等顺序排列。

1. 图样目录

当拿到一套桥梁工程图样后,首先要查看图样目录。通过图样目录可以了解图纸的总张数及每张图纸所表达的内容,并迅速地找到所需要的图样。

2. 桥位平面图

桥位平面图主要用来表明桥梁和路线连接处的平面位置,通过地形测量绘制出桥位附近的道路、河流、水准点、钻孔及其他地形和地物,以便作为设计桥梁、施工定位的根据,如图1-29所示。

3. 桥位地质断面图

根据水文调查和钻探所得的地质水文资料,绘制出桥位所在河床位置的地质断面图,包括河床断面线、最高水位线、常水位线和最低水位线,以便作为施工桥梁、桥台、桥墩和计算土石方工程数量的根据。

4. 桥梁总体布置图

反映桥梁的宽度、桥面的布置情况、桥梁的墩台位置情况、与路线的交角等,主要用来表明桥梁的形式、跨径、孔数、总体尺寸、各主要构件的相互位置关系,同时还应表明桥梁各部分的标高、材料数量,并进行总的技术说明等。包括立面、平面、横断面图等部分。桥梁总体布置图可作为施工时确定墩台位置、安装构件和控制标高的依据,如图1-30所示。

5. 构件施工图

构件施工图是对桥梁各部分构件经过详细的设计、计算后绘制的施工详图,可供施工使用。在桥梁总体布置图中,桥梁的构建没有详细完整地表达出来,因此单凭桥梁总体布置图是不能进行桥梁构件的制作和施工的,还必须根据桥梁总体布置图采用较大的比例把构件的形状、大小完整地表达出来,才能作为施工的依据,如图1-31~图1-33所示。

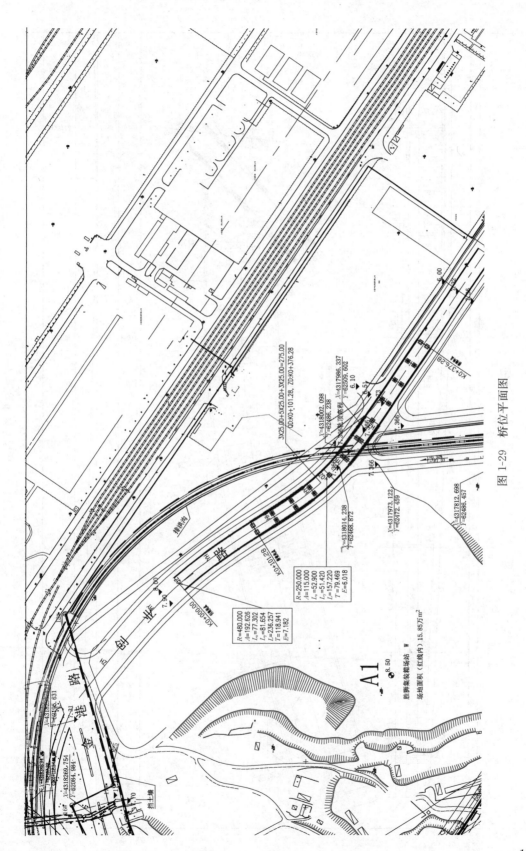

图 1-29 桥位平面图

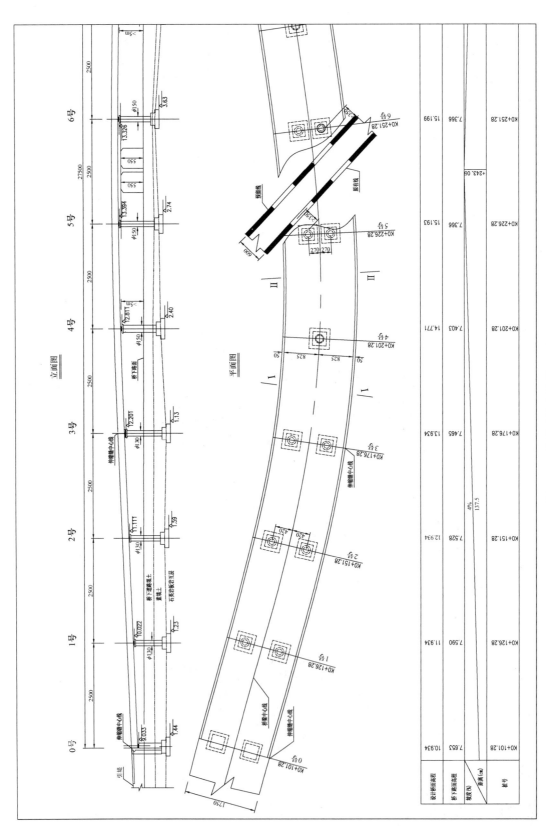

图 1-30 桥梁总体布置图（一）

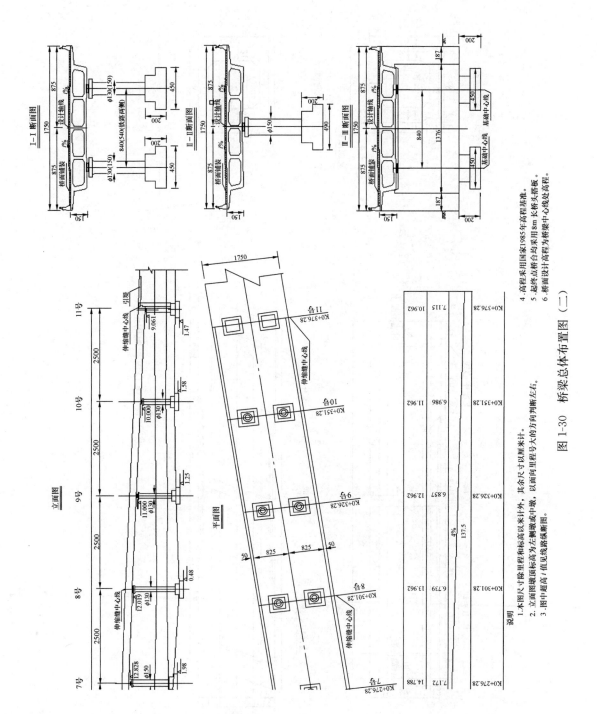

图 1-30 桥梁总体布置图（二）

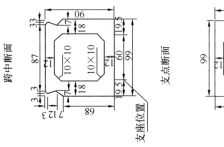
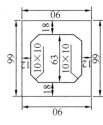
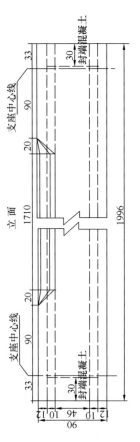
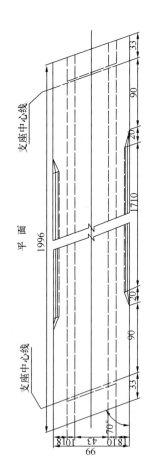

图 1-31 空心板一般构造图

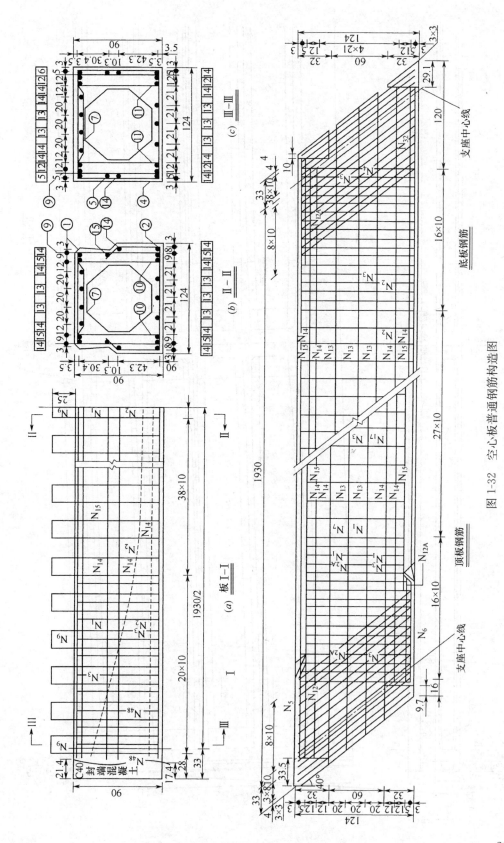

图 1-32 空心板普通钢筋构造图

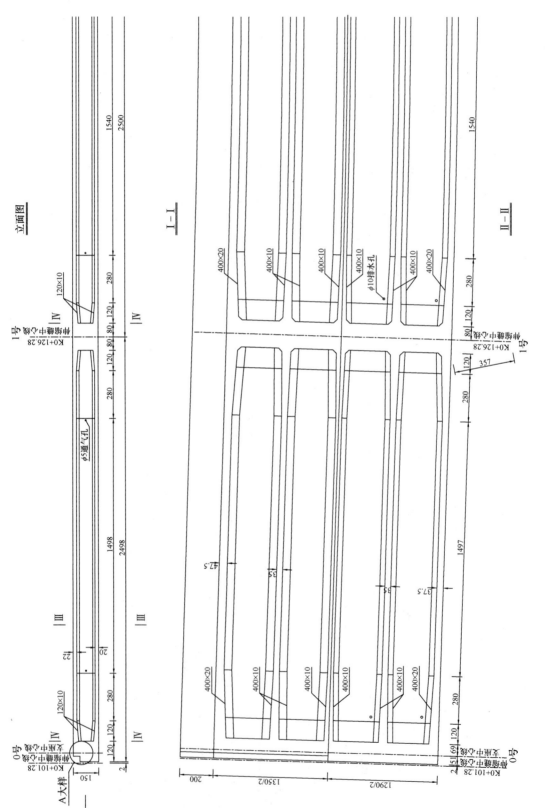

图 1-33 箱梁一般构造图

习 题

1. 填空

（1）按单孔跨径和多孔跨径总长，桥梁可分为_____、_____、_____、_____和_____。

（2）城市桥梁上的作用按其随时间的变异性分为_____、_____和_____三类。

（3）城市桥梁汽车荷载分为_____荷载和_____荷载，其等级可划分为_____和_____两个等级。

（4）桥梁的主要承载构件包括_____、_____、_____、_____和_____等五个部分。

（5）桥梁的标准化跨径，对于梁桥，是指_____的距离，或桥墩中心线至_____之间的距离；对于拱桥，则是指_____跨径。

（6）按桥面所在的位置可把拱桥分为_____拱桥、_____拱桥和_____拱桥。

2. 单项选择题

（1）桥梁按受力体系划分可分为（　　）。

A. 梁桥、拱桥、刚架桥、斜拉桥、悬索桥组合体系桥

B. 简支梁桥、悬臂梁桥、连续刚构桥

C. 木桥、钢桥、圬工桥、钢筋混凝土桥和预应力混凝土桥

D. 公路桥、铁路桥、人行桥和农用桥

（2）桥梁的建筑高度是指（　　）。

A. 桥面与桥跨结构最低边缘的高差　　B. 桥面与墩底之间的高差

C. 桥面与地面线之间的高差　　D. 桥面与基础底面之间的高差

（3）桥梁总长是指（　　）。

A. 桥梁两桥台台背前缘间的距离　　B. 桥梁结构两支点间的距离

C. 桥梁两个桥台侧墙尾端间的距离　　D. 各孔净跨径的总和

（4）与汽车荷载的车道荷载中的均布荷载取值有关的因素是（　　）。

A. 荷载等级　　B. 跨径范围

C. 内力类型　　D. 与 A、B、C 都有关

（5）下列桥梁中不属于组合体系桥梁的是（　　）。

A. 钢—混凝土结合梁桥　　B. 系杆拱桥

C. 斜拉、悬吊组合桥　　D. 梁、拱组合桥

3. 简答题

（1）桥梁施工图的主要内容有哪些？

（2）桥梁总体布置图反映的主要内容有哪些？包括哪几部分？

（3）简述梁桥与拱桥在受力和使用上的主要区别。

（4）斜拉桥和悬索桥各由哪些部分组成？

项　目　实　训

1. 根据给定的桥梁模型或桥型布置图进行结构体系及结构组成分析，并指出各部分名称。
2. 根据给定的桥型布置图和构件图进行结构尺寸或标高推算。

项目 2　钻孔灌注桩基础施工

项目概述

　　桩基础是一种常用的桥梁基础形式，它由基桩和连接于桩顶的承台（当采用多根桩时）共同组成，如图 2-1 所示。桩基础具有承载力高、稳定性好、沉降量小而均匀的特点，且与其他深基础相比，耗用材料少、施工简便；在深水河道中，采用桩基可避免（或减少）水下工程，简化施工设备和技术要求，加快施工速度并改善工作条件，因此，在桥梁建设中得到了普遍的应用。桩基础按施工方法分为沉入桩和灌注桩，灌注桩是指采用不同的钻孔方法，在土中形成一定直径的井孔，达到设计标高后，将钢筋骨架（笼）吊入井孔中，灌注混凝土形成的桩基础，灌注桩的成孔可用人工挖孔和机械钻孔，本项目主要学习目前桥梁工程中广泛应用的钻孔灌注桩施工技术。

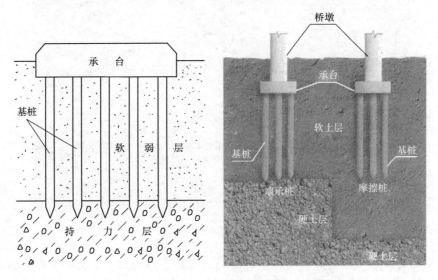

图 2-1　桩基础示意图

项目学习目标

1. 熟悉钻孔灌注桩施工方法、工艺流程、技术要求。
2. 能根据桩位地质情况和场地情况选定钻孔类型，制定施工方案。
3. 能按施工操作技术要求进行钻孔灌注桩现场质量监督、控制。
4. 能按质量检验标准进行质量检查验收。

2.1 施工前的准备工作

1. 技术准备

(1) 图纸会审完成后进行技术交底。

(2) 结合现场的具体情况,制定施工方案,并上交监理审批。

(3) 技术交底、安全交底后,施工人员明确施工部位的地层、地质条件、地下水的情况,明确桩径、孔深、桩顶桩底标高、灌注混凝土的强度等级、坍落度及质量要求。

(4) 进行测量基准交底、复测及验收工作。

2. 材料准备

(1) 钢筋、水泥、砂、石、水等原材料经质量检验合格。

(2) 混凝土拌合站所需原材料全部进场,当使用商品混凝土时,应向供应商提出所需混凝土的强度、坍落度、供货到现场的时间和数量等要求,并至少具备1个工作班用量的储备,如图2-2所示。

图2-2 混凝土拌合站

(3) 钢筋骨架加工所需原材料已全部进场,并具备成批加工能力,开钻前宜加工成型1个工作班用量的套数,如图2-3所示。

(4) 需泥浆护壁成孔时应加工护筒(图2-4),储备足够数量黏土等制浆材料。泥浆池(图2-5)和排浆槽已挖好。

(5) 钻孔平台所需的方木、板材、型钢、钢板,吊挂钢筋笼的方木、型钢、砂浆或塑料块等应符合施工设计规定。

3. 施工机具与设备

根据场地岩土层情况和设计要求,合理选择施工机械设备。钻具具有一定的刚度,在钻进中或其他操作时,不产生移动和摇晃,钻具的安装应符合生产厂家的标准。施工时可配用短螺旋钻头、回转斗、岩心钻头、岩心回转钻头等各种规格的钻头。施工时,根据不同的土壤、地质条件按下列规定选择不同的旋挖钻孔机的钻头。短螺旋钻具,适用于地下水位以上的黏性

图 2-3 钢筋骨架

图 2-4 护筒

图 2-5 泥浆池

土、粉土、填土、中等密实以上的砂土、风化岩层。螺旋回转头，采用泥浆护壁，适用于地下水位以上的黏性土、粉土、砂土、填土、碎石土及风化岩层。岩心螺旋钻头，适用于碎石土、中等硬度的岩石及风化岩层；岩心钻头，适用于风化岩层及有裂纹的岩石。

2.2 施工操作工艺

1. 施工工艺流程（图2-6）

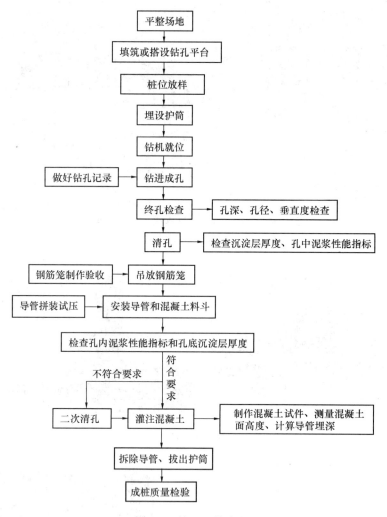

图2-6 施工工艺流程

2. 施工操作方法及技术要求

（1）平整场地、填筑或搭设钻孔平台

钻孔场地的平面尺寸应按桩基设计的平面尺寸、钻机数量和钻机底座平面尺寸、钻机移位要求、泥浆池位置、泥浆槽走向、施工方法及其他配合施工机具设施布置等情况决定。施工场地或工作平台的高度应考虑施工期间可能出现的高水位或潮水位，并高出其上0.5~1.2m。

施工场地应按以下不同情况进行整理：

场地为旱地时，应平整场地、清除杂物、换除软土、夯打密实。钻机底座不宜直接置于不坚实的填土上，应垫枕木加以稳固，以免产生不均匀沉陷。

场地为陡坡时，可用枕木、木挑架搭设坚固稳定的工作平台。

场地为浅水时，应采用筑岛方法，如图2-7所示。当根据技术经济比较，采取截流或临时改流方案有利时，也可改水中钻孔为旱地钻孔。

围堰筑岛　　　　　　沉井筑岛　　　　　　吹砂筑岛

图2-7　筑岛方法

场地为深水时，可搭水上工作平台，工作平台可用木桩，钢筋混凝土桩基桩，顶面由纵横梁、支撑架搭设，如图2-8所示。平台要有足够的强度承载钻孔机具，灌注机具的重量；也要有足够的刚度，保持稳定，并考虑洪水季节能使钻机顺利进入和撤出场地。

图2-8　水上工作平台

场地在深水中，水流较平稳时，也可将施工平台架设在浮船上，就位锚固稳定后在水上钻孔。

（2）桩位放样

施工之前对设计单位提交的测量资料进行检查，复核测量基线和基点、标定钻孔桩位和高程、测量桩孔的中心位置偏差不得大于5mm，并以长300mm、直径不小于42mm的铁质尖桩锤入土层作为标记、尖桩露出地面高度一般为50～80mm。

（3）埋设护筒

护筒具有固定桩位，引导钻进方向；保护孔口，防止孔口土层坍塌；隔离地下水或地面水，并保持孔内水位高出施工水位以稳固孔壁，防止坍孔，如图2-9所示。

护筒的设置应符合下列规定：

① 护筒宜采用钢板卷制，内径宜比桩径大200～400mm。

② 护筒中心竖直线应与桩中心线重合，除设计另有规定外，平面允许误差应不大于50mm，竖直线倾斜度应不大于1%，干处可实测定位，水域可依靠导向架定位。

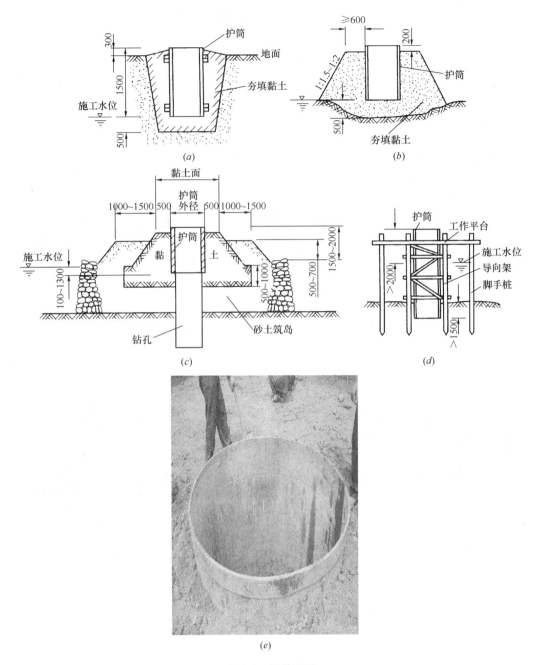

图 2-9 护筒埋设
(a) 挖埋式护筒；(b) 填筑式护筒；(c) 围堰筑岛护筒；(d) 深水护筒；(e) 埋设

③ 旱地、筑岛处护筒可采用挖坑埋设法，护筒底部和四周所填黏质土必须分层夯实。

④ 水域护筒设置，应严格注意平面位置、竖向倾斜和两节护筒的连接质量均需符合上述要求。沉入时可采用压重、振动、锤击并辅以筒内除土的方法。

⑤ 护筒高度宜高出地面 0.3m 或水面 1.0～2.0m。当钻孔内有承压水时，应高于稳定后的承压水位 2.0m 以上。若承压水位不稳定或稳定后承压水位高出地下水位很多，应

先做试桩，评估在此类地区采用钻孔灌注桩基的可行性。当处于潮水影响地区时，应高于最高施工水位1.5～2.0m，并应采用稳定护筒内水头的措施。

⑥护筒埋置深度应根据设计要求或桩位的水文地质情况确定，在黏土中不小于1.0m，沙土中不宜小于1.5m，一般情况埋置深度宜为2～4m，特殊情况应加深以保证钻孔和灌注混凝土的顺利进行。有冲刷影响的河床，应沉入局部冲刷线以下不小于1.0～1.5m。受水位涨落影响或水下施工的钻孔灌注桩，护筒高度应加高加深，必要时应打入不透水层。

⑦护筒连接处要求筒内无突出物，应耐拉、压，不漏水。

（4）制备泥浆

钻孔泥浆由水、黏土（或膨润土）和添加剂组成并按适当配合比配制而成，如图2-10所示。泥浆相对密度大，一般以1.1～1.3为宜，冲击成孔或易坍塌底层，相对密度1.2～1.4，黏度22～30（Pa·S）。泥浆的作用很多，在钻孔桩施工中主要用到的是4个作用：第一是清洗孔底，携带钻渣；第二是保持水头高度，控制和平衡地层压力；第三是形成泥皮，防止孔壁坍塌；第四是冷却和润滑钻具钻头。

图2-10 泥浆制备

因此在钻进过程中，需不断对泥浆性能进行测试，主要检测泥浆相对密度、黏度、含砂率等，如图2-11所示。

图2-11 泥浆性能检测
(a) 泥浆黏度的测试；(b) 泥浆含砂率的测试

（5）安放钻机钻架

钻架是钻孔、吊放钢筋笼、灌注混凝土的支架，如图2-12所示。钻架高度与钻具长度和钢筋骨架节段长度有关,一般为 8~16m。在钻孔过程中,成孔中心必须对准桩位中心,钻机(架)必须保持平整,不发生位移、倾斜和沉陷。钻机(架)安装就位时,应详细测量,底座应用枕木垫实塞紧,顶端应用缆风绳固定平稳,并在钻进过程中经常检查。

图 2-12 安放钻机钻架

(6) 钻孔

1) 正循环回转钻进成孔

正循环回转成孔是指由钻机回转装置带动钻杆和钻头回转切削破碎岩土,由泥浆泵通过钻杆中心往钻孔压入泥浆,钻头喷出的泥浆挟带钻渣沿钻孔壁上升,从孔口溢浆孔溢出,流入泥浆池,经沉淀处理后再循环使用,如图 2-13 所示。正循环回转成孔具有设备简单、操作方便、工艺成熟等优点,适用于填土、淤泥、黏土、粉土、砂土等地层,对于

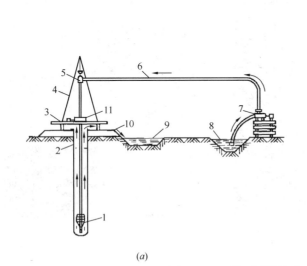

(a) (b)

图 2-13 正循环回转钻进成孔

(a) 正循环回转钻法工作示意图;(b) 正循环钻机

1—钻锥;2—护筒;3—工作平台;4—钻架;5—水龙头(插头);6—高压胶管;
7—泥浆泵;8—储浆池;9—沉淀池;10—土台;11—磨盘钻机

卵砾石含量不大于15%、粒径小于10mm的部分砂卵砾石层和软质基岩及较硬基岩也可使用。

2) 反循环回转钻进成孔

反循环回转成孔是通过泵吸，或送入压缩空气，使钻机内腔形成负压或形成充气液压柱产生压差，使经过钻杆与孔壁间的环空间隙流向孔底的泥浆，挟带钻头切削下来的钻渣由钻杆内腔高速返回地面泥浆池，如图2-14所示。反循环回转成孔具有成孔效率高，成孔质量好等优点。反循环回转成孔所需的泥浆沉淀池和储浆（或供水）池应设在钻机排浆（渣）口的同侧，与钻机的距离可根据地形决定。两池的总容积一般为钻孔完成后总排渣体积的1.2~2.0倍。

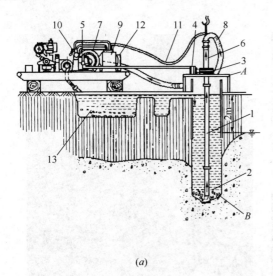 

图2-14 反循环回转钻进成孔

(a) 泵吸式反循环回转钻法工作示意图；(b) 反循环钻机

1—钻杆；2—钻维；3—转盘；4—液压电动机；5—液压泵；6—方型传动杆；7—泥石泵；8—吸泥胶管；9—真空罐；10—真空泵；11—真空粒管；12—冷却水槽；13—泥浆沉淀池；A—井盖；B—井底

循环钻施工技术要求：

① 将钻机移至钻孔位置，调整转盘、底座至水平，起重滑轮边缘、固定钻杆的卡孔和桩位中心都应在一条竖直线上，保证钻头平面偏位在50mm以内，竖直度在1/200以内。进钻时用十字线法检查钻头偏位情况。

② 在钻孔过程中应经常用全站仪校核钻杆的竖直度，在钻架上设置导向架，控制钻杆上的提引水龙头，保证钻杆垂直，使其沿导向架对中钻进。经常检查钻杆接头，及时调直、调正。

反循环施工参考视频（密码：1718）

③ 将钻头徐徐吊入护筒内，对正桩位，启动泥浆泵和转盘，待泥浆输入到孔内一定数量并形成循环后，开始钻进。

④ 开钻时先缓慢进尺，并及时检查和纠正钻头的偏位，待钻锥全部进入土层后，钻机方可全速钻进。

⑤ 在钻孔阶段应注意始终保持孔内水位高过护筒底口0.5m以上，同时孔内水位高度应大于地下水位1m以上。

⑥ 在钻孔过程中随时检查钻杆的垂直度和钻头的平面位置，防止偏孔或斜孔现象的发生。

⑦ 钻孔过程中严格控制好泥浆相对密度，注意地层变化情况，经过不同地层要补充不同数量的泥浆。

⑧ 根据不同的地层采取不同的钻进方式。

淤泥层采用低档慢速减压钻进，可保证护壁质量；粉细砂层中档慢速钻进，可减少对护壁的扰动；粉质黏土层宜采用低档慢速加压钻进，利用压重切削地层。

3）冲击钻机

冲击钻进成孔是利用重为 10~15kN 的钻锥不断地提锥、落锥反复冲击孔底土层，把土层中泥砂、石块挤向四壁或打成碎渣，钻渣悬浮于泥浆中，利用掏渣筒取出，重复上述过程冲击钻进成孔，如图 2-15 所示。

图 2-15　冲击钻进成孔

冲击钻进成孔施工具有设备简单、操作方便、动力消耗少、机械故障少等优点，适宜在杂填土、黏土、粉土、砂土、卵砾石、漂石、孤石、基层等地层施工，成孔深度一般不宜大于 50m。

冲击钻施工技术要求：

① 开孔时应低锤密击，表土为淤泥、细砂等软弱土层时，可加黏土块夹小石片反复冲击造壁。

② 在护筒刃脚以下 2m 以内成孔时，采用小冲程 1m 左右，提高泥浆相对密度，软弱层可加黏土块夹小石片。

③ 在砂性土、砂层中成孔时，采用中冲程 2~3m，泥浆相对密度 1.2~1.4，可向孔中投入黏土。

④ 在密实的黏土层中成孔时，采用小冲程 1~2m，泵入清水和稀泥浆，防粘钻可投入碎石、砖。

⑤ 在砂卵石层中成孔时，采用中高冲程 2~4m，泥浆相对密度 1.2~1.3，可向孔中投入黏土。

冲击钻施工
参考视频
（密码：1718）

⑥ 软弱土层或塌孔回填重钻时，采用小冲程1m左右、加黏土块夹小石片反复冲击，泥浆相对密度1.3~1.5。

⑦ 遇到孤石时，可采用预爆或高低冲程交替冲击，将孤石击碎挤入孔壁。

4) 旋挖钻机

旋挖钻机成孔在我国是近几年才推广使用的一种较先进的桩基成孔工艺。广泛应用于我国的公路、铁路、桥梁和大型建筑的基础桩施工。

旋挖钻机成孔首先是通过底部带有活门的筒式钻头回转破碎岩土，并直接将其装入钻斗内，然后再由钻机提升装置和伸缩钻杆将钻斗提出孔外卸土，这样循环往复，不断地取土卸土，直至钻至设计深度。对粘结性好的岩土层，可采用干式或清水钻进工艺，无须泥浆护壁。而对于松散易坍塌地层，或有地下水分布，孔壁不稳定，必须采用静态泥浆护壁钻进工艺，向孔内投入护壁泥浆或稳定液进行护壁，如图2-16所示。

图2-16 旋挖钻机成孔

旋挖钻施工技术要求：

① 钻机安装好后，调整好桅杆的垂直度和钻机的水平度，并利用护桩检查钻头是否对中。钻孔过程中，钻机每次提钻甩渣复位后，均对桅杆的垂直度和钻机的水平度进行调整，并利用护桩检查钻头是否对中。

② 开钻前在护筒内注入适量的泥浆，开钻时，先用低档慢速钻进，钻至护筒以下1m后，再调为正常速度。钻进过程中，根据不同的地质情况选用不同形式的钻头，在粉质黏土和砂土中钻进，直接用旋挖筒成孔和取渣；在砾石和砂卵石层中钻进，先用螺旋钻头将其松动，再用旋挖筒取渣。

旋挖钻施工
参考视频1
（密码：1718）

③ 钻进过程中，经常抽取渣样并检查泥浆指标，注意土层变化，以便及时对不同地层调整钻速、钻进压力、泥浆相对密度。在黏性土中钻进时，选用中等转速、大泵量、稀泥浆钻进；在砂土、软性土、砂卵石、砾石等易坍孔的土层中，采用低挡慢速钻进，同时提高孔内水头，将泥浆性能指标加大至上限。

④ 旋挖钻机钻孔取土时，依靠钻杆和钻头自重切入土层，斜向斗齿在钻斗回转时切下土块向斗内推进完成钻取土，遇到硬土时，自重力不足以使斗齿切入土层，此时通过液压油缸对钻杆加压，强行将斗齿切入土中完成取土。根据屏显深度，待钻筒内钻渣填满后，反转后即可关闭进渣口，由起重机提升钻杆钻斗至地面，拉动钻斗上的开关及打开底门，钻斗内的土自动排出。卸土完毕关好斗门，再进行下一斗的挖掘。钻至设计标高后，旋挖筒取渣时间要相对延长，但不加压，即保证取尽钻渣，又避免超钻。钻渣利用自卸汽车运至指定弃渣场。

⑤ 每工作班开始时检测泥浆相对密度、黏度，以后钻进过程中每隔1h或地质变化处测定一次泥浆性能指标，通过砂层时，由于泥浆在使用过程中不断受到污染，致使含砂率增大，泥浆指标不易控制，因此在钻进过程中加大泥浆指标检测频率，及时补充性能指标合格的泥浆，以防止塌孔。

⑥ 在钻进过程中经常检查钻斗，尤其在中粗砂较密的砾石层，应加大检查力度及频率，对于磨损较严重的钻点及时更换，以确保钻孔孔径。

⑦ 钻孔时在地层变化处及每钻进2m时留取渣样，查明土类并记录，以便与设计资料核对，如地质情况与设计不符，及时与设计联系处理。达到设计孔深后，停止钻进。

⑧ 钻孔过程中应注意观察地质情况并做好原始记录，如果发现地质情况与地质勘探报告不一致，应及时报告，以便采取措施；采取每隔4个桩位钻1桩的跳钻方式，完成该桩灌注混凝土以后，再进行下一桩的施工。

⑨ 施工作业分三班连续进行，不允许中途停顿。如因故必须停止钻进时，不允许将钻头停在孔底，以免沉渣埋住钻头。施工若出现漏浆现象，处理方法为：产生漏浆，不能保持孔内水头时，首先向孔内加水，保持水头不下降，然后改进泥浆指标，漏浆严重时返工重埋护筒。

旋挖钻施工
参考视频2
（密码：1718）

5）螺旋钻机

螺旋钻机成孔法是通过动力旋转钻杆，使钻头的螺旋叶片旋转削土，土沿螺旋叶片提升并排出孔外。这种钻孔方法适合于地下水位较低的一般黏土层、砂土及人工填土地基，而不适用于有地下水的土层和淤泥质土。

螺旋钻机根据钻杆上螺旋叶片的多少分为长螺旋钻机和短螺旋钻机。长螺旋钻机在钻杆的全长上都有螺旋叶片，如图2-17（a）所示；短螺旋钻机只在钻杆的下端有一小段（大约2~3m）螺旋叶片，如图2-17（b）所示。长螺旋钻头外径较小，有400mm、600mm和800mm等，成孔深度一般为8~12m，目前最深可达30m。短螺旋钻机成孔直径和深度较大，孔径可超过2m，孔深可达100m。

(7) 清孔

钻孔达到设计标高后，应对孔径、孔深进行检查，确认合格后即进行清孔，进行清孔的目的是抽换孔内泥浆，清除钻渣与孔底沉淀层，以减少桩基的沉降量，提高承载能力，

图 2-17 螺旋钻机
(a) 长螺旋钻机；(b) 短螺旋钻机

同时为灌注混凝土创造良好条件，确保桩基质量。

1) 清孔方法

清孔方法应根据设计要求、钻孔方法、机具设备和土质情况而定，常用的清孔方法有换浆清孔法、抽浆清孔法、掏渣清孔法、喷射清孔法和砂浆置换清孔法等。

① 换浆清孔法

当使用正循环回转钻进时，终孔后，停止进尺，稍提钻锥离孔底 100~200mm 空转，并保持泥浆正常循环，以中速压入相对密度为 1.03~1.10 的较纯泥浆，把钻孔内悬浮钻渣较多的泥浆换出。根据钻孔直径和深度，换浆时间约为 4~8h，然后在泥浆中灌注水下混凝土。

本方法清孔不彻底，混凝土质量较难保证，而且清孔时间太长。用其他方法钻孔时，不宜采用本方法清孔。

② 抽浆清孔法

用空气吸泥机吸出含钻渣的泥浆而达到清孔。由风管将压缩空气输进排泥管，使泥浆形成密度较小的泥浆空气混合物，在水柱压力下沿排泥管向外排出泥浆和孔底沉渣，同时用水泵向孔内注水，保持水位不变直至喷出清水或沉渣厚度达设计要求为止，使用孔壁不易坍塌各种钻孔后的柱桩和摩擦桩，如图 2-18 所示。

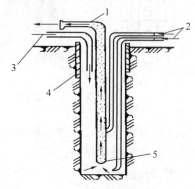

图 2-18 抽浆清孔
1—泥浆砂石渣喷出；2—通入压缩空气；
3—注入清水；4—护筒；5—孔底沉积物

③ 掏渣清孔法

冲击、冲抓钻进过程中，冲碎的钻渣一部分连同泥浆被挤入孔壁，大部分则靠掏渣筒或大锅锥清除。对冲击钻进，可在清渣前，投入水泥1~2袋，通过冲击锤低冲程的反复冲拌数次，使孔底泥浆、钻渣和水泥形成混合物，然后以掏渣工具掏出。

④ 喷射清孔法

喷射清孔法是在灌注混凝土前对孔底进行高压射水或射风数分钟，使沉淀物漂浮后，立即灌注水下混凝土。常在其他方法清孔后或清孔过程中配合使用。

⑤ 砂浆置换钻渣清孔法

先用掏渣筒尽量清除钻渣，然后用活底箱在孔底灌注600mm厚的特殊砂浆。特殊砂浆是用炉灰与水泥加水拌合，其相对密度较轻，能浮托在混凝土之上。

2）清孔注意事项

① 钻孔至设计标高后，应对孔径、孔深进行检查，确认合格后即进行清孔。

② 清孔时，必须保持孔内水头，防止坍孔。

③ 清孔后应对泥浆试样进行性能指标试验。

④ 清孔后的沉渣厚度应符合设计要求。设计未规定时，摩擦桩的沉渣厚度不应大于300mm，端承桩的沉渣厚度不应大于100mm。

⑤ 不得用加深钻孔深度的方式代替清孔。

⑥ 在钢筋笼、导管下完后，应对孔深进行再次检测，若沉淀厚度超过10cm（规范为1.5m以下桩30cm，1.5m以上或桩长大于40m或土质较差桩50cm）则进行二次清孔。直至沉淀厚度小于10cm。

（8）终孔

成孔达到设计标高后，对孔深、孔径、孔壁垂直度、沉淀厚度等进行检查，检测前准备好检测工具，测绳、检孔器等。检孔器应按如下要求制作：

检孔器的外径与设计桩径相同，长度宜为4~5倍设计桩径，且不宜小于6m，两端制作成锥形，锥形高度不宜小于检孔器半径，如图2-19所示。

标定测绳，测绳采用钢丝测绳，测锤重2kg。

测量护筒顶标高，根据桩顶设计标高计算孔深。以护筒顶面为基准面，用测绳测量孔深并记录（图2-20），测

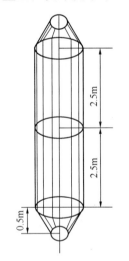

图2-19 检孔器

量时测量五处（中心1处，四周对应桩各测量1处）孔深按最小测量值，当最小测量值小于设计孔深时继续钻进。现场技术人员应严格控制孔深，不得用超钻代替钻渣沉淀。

用检孔器检测孔径和孔的竖直度，检孔器对中后在孔内靠自重下沉，不借助其他外力顺利下至孔底，不停顿，证明钻孔符合规范及设计要求，如不能顺利下至孔底时，用钻机进行扩孔处理。

检测标准：孔深、孔径不小于设计规定；钻孔倾斜度误差不大于1%；沉渣厚度符合

图 2-20 测绳测孔深

设计规定：不应大于 300mm，桩位误差不大于 50mm。终孔检查合格后，立即清孔，采用换浆法进行清孔，将钻头提离孔底 0.5m，开启泥浆泵，进行反循环，清孔时间视孔径、孔深和钻渣含量而定。清孔符合下列标准：

ⓐ 孔内排出泥浆手摸无 2～3mm 颗粒。

ⓑ 泥浆相对密度不大于 $1.10g/cm^3$。

ⓒ 含砂率小于 2%。

ⓓ 黏度 17～20s。

ⓔ 孔底沉渣厚度，摩擦桩不大于 30cm。

(9) 钻孔异常处理

1) 坍孔

在流砂及淤泥地层容易塌孔，钻孔过程中发生坍孔后，应增大泥浆相对密度（控制在 1.2～1.3 之间），改善其孔壁结构。坍孔严重时，坍孔位置回填大块黏土重新钻孔。

2) 缩孔

在软塑、硬塑黏土层易发生缩孔，钻孔时发生弯孔、缩孔时，可将钻头提到偏孔处进行反复扫孔，直到钻孔正直，如发生严重弯孔时，采用小片石与黏土块混合，回填到偏孔处，填料沉实后再钻孔纠偏。

3) 埋钻和卡钻

埋钻通常伴随塌孔同时发生，先处理埋钻后再处理塌孔，事故发生后，保证孔内有足够的泥浆，保持孔内压力，稳定孔壁防止坍塌扩大，采用大功率泥浆泵抽排钻头处沉渣沉消除阻力，然后缓慢提钻，严禁强行处理，否则有可能造成钻杆扭断等更严重的事故。

4) 掉钻头

掉钻头后，保持孔内水头高度，增加泥浆相对密度（1.15～1.3），制作 L 形打捞勾，固定在钻杆下端，将钻杆伸入孔底，旋转勾住钻头后上提。

5) 护筒下沉

当护筒底端未完全穿透淤泥层或位于流砂层内时，易发生护筒下沉，发生护筒下沉时,若开钻不久则回填孔位,加长护筒重新埋设,若接近成孔则加大泥浆相对密度(1.15~1.3)保持孔内泥浆水头高度,用枕木对称铺在护筒外侧,利用槽钢等承重扁担将护筒架在枕木垛上,成孔后尽量不清孔,缩短灌孔时间。

(10) 钢筋笼制作

钢筋笼制作前应清除钢筋表面污垢、锈蚀,钢筋下料时应准确控制下料长度。

采用钢筋弯曲模具按设计要求和规范加工钢筋笼。设专用台架制作钢筋笼,以保证笼体平直。主筋及加强箍筋自身搭接部分采用双面焊,搭接长度不小于5倍的钢筋直径。钢筋笼接头应错开,同一断面接头应小于50%。制成钢筋骨架后测定刚度和稳定度,必要时增加加强箍筋的数量,同时加强箍筋内应焊接十字撑,使其具有足够的刚度和稳定性,保证在运送、吊装和浇筑混凝土时不致松散、移位和变形,如图2-21所示。

图 2-21 钢筋笼制作
(a) 劲性骨架法制作钢筋笼;(b) 滚焊机制作钢筋笼;(c) 制作完成后的钢筋笼

钢筋笼必须经项目部和监理验收合格后方可运送到安装现场。钢筋笼的运输采用运输炮车,严禁使用装载机挑运。

钢筋笼搬运时应保持平直,防止扭转弯曲变形。起吊时必须采用两点起吊法。

采用同强度穿心圆混凝土垫块做保护层,每2m一道,每道4块,净保护层厚度不小于8cm。

(11) 声测管的安装

根据设计要求,大于40m的桩安装3根内径48mm、壁厚不小于2.5mm的声测管,声测管对接采用厂家提供的套筒对接,声测管等高齐平,高出桩顶50cm,埋设过程中,检查声测管是否畅通,事先灌满清水,管底封底,管口加盖,如图2-22所示。

钢筋笼制作
参考视频
(密码1718)

检测管等间距布置,绑扎在桩基加强箍筋上。为有助于素混凝土段检测管的固定,根据设计,3根主筋延长至桩基底部,加强箍筋在原来布置的基础上自上而下每隔2m布置一根延伸至桩基底部,增加的加强箍筋与3根主筋焊接,并与声测管绑扎牢固。

图2-22 声测管

(12) 钢筋笼安装

加工好的钢筋笼经项目部和现场监理工程师验收合格后,采用炮车运至施工现场,整体吊入孔内,如图2-23所示。在安装钢筋笼时,采用两点起吊。第一吊点设在骨架的下部,第二吊点设在骨架长度的中点到上1/3点之间。采取措施对吊点予以加强,以保证钢筋笼在起吊时安全不变形。在钢筋下放过程中,设专人指挥吊车,保持钢筋笼的垂直度,缓慢下降,严禁摆动碰撞孔壁,根据事先放好的护桩,校核钢筋笼的平面位置,确保钢筋笼与桩孔同心,如图2-24所示。

钢筋笼的安装深度和位置应符合设计要求。经测量原地面高程后确定吊筋长度,吊筋采用直径16mm的圆钢,禁止使用螺纹钢,用型钢穿过吊筋固定于护筒两侧枕木上,防止浮笼。在临时停放钢笼及最后固定钢筋笼时,不得使护筒承受压力。

(13) 导管安装

图 2-23 钢筋笼安装

图 2-24 钢筋笼就位

钢筋笼安装
参考视频
（密码：1718）

灌注水下混凝土采用导管灌注，导管使用前必须对规格、质量和连接构造做认真的检查验收，保证橡胶密封圈密封效果完好、螺纹丝扣完好。每节导管的连接必须牢固可靠，确保不漏水，不漏气。导管安装完成后应进行水密承压检验。

导管采用 Φ20～35 钢管，每节长度 2m，配 1～2 节 1～1.5m 的短管，底节长度 4m。钢导管内壁光滑、圆顺，内径一致，接口严密。按自下而上顺序编号和标示尺度。导管组装后，轴线偏差不超过钻孔深的 0.5%，且不大于 10cm，如图 2-25 所示。

图 2-25 钢导管安装

导管长度按孔深和工作平台高度决定。漏斗底距钻孔上口,大于一节中间导管长度。导管接头法兰盘加锥形活套,底节导管下端不得有法兰盘。导管安装后,其底部距孔底有 40cm 的空间。

吊放导管时,导管位置必须居中,轴线顺直,稳定承放,防止卡挂钢筋骨架和碰撞孔壁。

(14) 二次清孔

浇筑水下混凝土前应检查沉渣厚度,且满足设计要求。当沉渣厚度大于 30cm 时,则利用导管进行二次清孔,直到沉渣厚度符合规范要求后方可灌注水下混凝土。

安导管参考视频
(密码:1718)

(15) 灌注水下混凝土

1)浇筑混凝土之前准备好料斗、导管及起重机械等并进行检修工作,以保证设备在作业时保持良好的状态。导管事先按顺序编号并经认真检查合格,导管水密试验检查合格。按照规范要求进行孔底沉渣厚度和泥浆性能指标检测,若沉渣厚度和泥浆指标不符合设计要求,须进行二次清孔,重新测定,直到满足设计要求,经现场监理工程师确认后,30min 内进行混凝土浇筑。

2)混凝土运输

灌孔所用混凝土的原材料必须经检验合格,经监理批准后方能使用。混凝土在拌合站拌制,混凝土罐车不间断运输。混凝土到达灌注地点进行混凝土坍落度损失检测,混凝土坍落度损失不得超过 1.8～2.2cm。如有离析及混凝土坍落度损失过大等现象要进行处理。

3)首批混凝土的灌注

混凝土灌注隔水塞采用篮球内胆。浇筑首批混凝土时,首先计算出首批混凝土的方量,确保满足导管的埋置深度不小于 1m,并能填充导管底部,且不宜大于 6m。混凝土运至灌注地点后,首先检查混凝土的均匀性、和易性及坍落度,如不符合要求不得使用。

首批混凝土的数量应能保证将导管内的水全部压出,并满足导管首次埋置深度≥1.0m。因此首批混凝土必须要有足够的数量,如图 2-26 所示,其最小体积计算公式如下:

$$V = h_1 \times \frac{\pi d^2}{4} + H_c \times \frac{\pi D^2}{4} \quad (2-1)$$

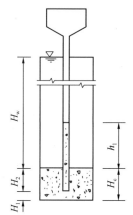

图 2-26 首批混凝土数量计算

式中 V——灌注首批混凝土所需数量（m³）;
d——导管内径,m;
D——桩孔直径,m;
H_c——首批混凝土面至孔底的高度,为导管埋置深度与导管悬空高度之和;
h_1——孔内混凝土达到 H_c 时,导管内混凝土柱与导管外水压平衡所需高度,m。h_1 的计算公式为

$$h_1 = \frac{H_w \gamma_w}{\gamma_c} \quad (2-2)$$

式中 H_w——孔内混凝土面至孔内水面的距离,m;
γ_w——水或水泥浆密度,t/m³（取 1.0）;
γ_c——混凝土密度,t/m³（取 2.4）。

首批混凝土浇筑后要进行连续灌注,严禁中途停工。在灌注过程中要防止混凝土从漏斗顶溢出或从漏斗外掉入孔底。灌注过程中,要注意观察管内混凝土下降和孔内水位升降的情况,及时测量孔内混凝土面高度,正确进行导管的提升和拆除,如图 2-27 所示。

图 2-27 水下混凝土灌注

4) 导管埋深控制

在灌注过程中,导管埋深一般控制在 2～6m,在任何情况下不得少于 1m 或大于 8m,

拔管前，要两人用2个测锤测深并相互校对，待确认无误后方可拔管。混凝土灌注过程中要经常探测孔内混凝土面位置，及时调整导管埋深，严禁将导管拔出混凝土面。每隔15min测量一次孔内混凝土面深度（浇筑后期缩短间隔时间），指导导管的拆卸工作。当浇筑方量与混凝土顶面位置不相符时，及时分析原因，找出问题所在，及时处理。

水下混凝土灌注
参考视频

在灌注混凝土过程中，当导管内混凝土不满，含有空气时，后续混凝土要缓慢灌入，不可整斗地灌入漏斗和导管，以免在导管内形成高压气囊，挤出管节间橡皮垫或在混凝土中形成空心。

导管的提升要保持轴线竖直和位置居中，逐步提升，防止碰撞钢筋骨架；拆除导管动作要快，时间一般不超过15min，拆除的导管要清洗干净并码放整齐。

5）混凝土后期灌注

混凝土灌注面离设计桩顶标高6.0~7.0m时，现场技术员加大检查频率，准确计算混凝土面距设计桩顶的高度，以便计算所需混凝土方量并及时与拌合站联系，避免造成混凝土的浪费。混凝土灌注完成时孔内混凝土全截面高出桩顶设计标高0.5m以上，保证有效桩长。桩基混凝土灌注过程中，试验人员在监理工程师旁站的前提下按技术规范要求制作混凝土试件。

6）灌注混凝土过程中，现场技术人员按规定做好各种原始施工记录和隐蔽工程验收记录，填写各类施工记录表。

3. 施工质量检验标准

（1）主控项目

1）成孔达到设计深度后，必须核实地质情况，确认符合设计要求。

检查数量：全数检查。

检验方法：观察、检查施工记录。

2）孔径、孔深应符合设计要求。

检查数量：全数检查。

检验方法：观察、检查施工记录。

3）混凝土抗压强度必须符合设计要求和相关标准规定。

检查数量：每根桩在浇筑地点制作混凝土试件不得少于2组。

检验方法：检查试验报告。

4）桩身不得出现断桩、缩径。

检查数量：全数检查。

检验方法：检查桩基无损检测报告。

（2）一般项目

1）钢筋笼底端高程偏差不得大于±50mm。

检查数量：全数检查。

检验方法：用水准仪测量。

2）混凝土灌注桩偏差应符合表2-1的规定。

混凝土灌注桩允许偏差　　　　表 2-1

序号	项目		允许偏差（mm）	检验频率		检验方法
				范围	点数	
1	桩位	群桩	100	每根桩	1	用全站仪检查
		排架桩	50		1	
2	沉渣厚度	摩擦桩	符合设计要求		1	沉淀盒或标准测锤，查灌注前记录
		支承桩	不大于设计要求		1	
3	垂直度	钻孔桩	≤1%桩长，且≤500		1	用测壁仪或钻杆垂线和钢尺量
		挖孔桩	≤0.5%桩长，且≤200		1	用垂线和钢尺量

注：此表适用于钻孔和挖孔。

习　　题

1. 填空题

（1）安装钻机时，底架应先垫平，保持平整、稳定，不得产生_____和_____。

（2）钻孔达到设计深度后，应对_____、_____、_____、_____等进行检查。

（3）新制泥浆要检测_____、_____、_____、_____、_____等五项指标。

（4）采用冲击钻钻孔时，在不同的地层钻进时应采取不同的冲程，在护筒中及深到护筒底口下 3m 以内应采取____冲程钻进，目的是防止钻头倾斜打坏护筒及孔壁，并造成坚实孔壁；在淤泥及夹砂互层、粘土层钻进应采取____冲程钻进，目的是防止吸钻，控制进尺，冲圆孔壁；在基岩中钻进应采取____冲程钻进，目的是取得大的冲击能，破碎坚硬的岩石。

（5）灌注混凝土前摩擦桩孔底沉渣厚度不得大于_____cm；柱桩孔底沉渣厚度不得大于_____cm。

2. 选择题

（1）护筒允许偏差中，护筒倾斜度应为（　　）。
A. 0.5%　　　　　B. 2%　　　　　C. 1.5%　　　　　D. 1%

（2）混凝土灌注过程中导管埋入混凝土中的深度范围应为（　　）。
A. 1~3m　　　　B. 2~6m　　　　C. 1~2m　　　　D. 1~4m

（3）水下混凝土浇筑宜高出桩顶设计高程____m。
A. 0.2　　　　　B. 0.5　　　　　C. 1.0　　　　　D. 2.0

（4）进行泥浆指标测定时，其含砂率不宜大于____。
A. 2%　　　　　B. 5%　　　　　C. 4%　　　　　D. 3%

（5）水下混凝土的坍落度应采用（　　）。
A. 17~21cm　　B. 19~23cm　　C. 18~22cm　　D. 16~20cm

3. 简答题

（1）说出三种以上关于清孔的方法和适用范围。

（2）简述坍孔的预防及处理措施。

（3）简述首批混凝土关注的要求。

项 目 实 训

【钻孔灌注桩终孔检验】

根据桩基础设计图纸或事先给定的设计数据，分别用机械接触式的测量方法（四臂测孔仪）和超声波法（声波测孔仪）对实训场地内已钻孔完成的灌注桩桩孔进行终孔验收并填写检验记录表，并各组互换验收表给出验收结论。

项目3 基桩承台施工

项目概述

承台指的是为承受、分布由墩身传递的荷载,在基桩顶部设置的联结各桩顶的钢筋混凝土平台,如图 3-1 所示。承台是桩与柱或墩联系部分,把几根,甚至十几根桩联系在一起形成桩基础。承台分高桩承台和低桩承台:低桩承台一般埋在土中或部分埋进土中,高桩承台一般露出地面或水面。承台施工方法多采用现浇法施工,主要由测量放样、桩头处理、浇筑垫层、模板安装、钢筋绑扎、混凝土浇筑、养护、模板拆除等工序组成。

图 3-1 承台成品

项目学习目标

1. 掌握承台基本施工方法,工艺流程、技术要求。
2. 能根据工程实际情况确定承台施工方案并进行技术交底。
3. 能按施工操作技术要求进行现场质量监督、控制。
4. 能按质量检验标准进行承台质量检查验收。

3.1 施工前的准备工作

1. 技术准备

(1) 在开工之前应组织技术人员进行承台图纸审核,充分理解设计意图,核算标高及钢筋的下料情况，同时熟悉规范标准。

（2）结合工程实际情况确定基坑开挖、混凝土浇筑、钢筋、模板等施工方案。

（3）试验室做好混凝土配合比的验证工作，并进行上报审批，同时做好生产所需原材料的报验工作，保证生产所用材料满足施工要求。

（4）做好控制点的复核工作，必要时进行加密控制，计算承台坐标，并复测原地面标高，确定承台基坑开挖深度，准确放样，确定开挖线。

（5）进行施工技术交底及安全技术交底，交代施工要点及施工注意事项。

2. 材料准备

根据现场施工组织情况，在施工前将所需材料提前运送至现场，所有进场材料均应经过试验室检验，并满足招投标文件对原材料各项指标的要求。

3. 施工机具与设备

① 钢筋施工机械：交流电焊机，钢筋弯曲机，钢筋调直机，钢筋切割机；

② 混凝土施工机械：插入式振捣器，混凝土运输车；

③ 土方机械：挖掘机（图 3-2）、装载机；

④ 测量仪器：水准仪、全站仪；

⑤ 发电机：内燃发电机（作为备用电源，如图 3-3 所示）；

⑥ 水泵。

图 3-2　挖掘机

图 3-3　内燃发电机

3.2　施工操作工艺

1. 施工工艺流程

施工程序为：施工准备→测设放线→承台基坑开挖→基坑排水→桩基无破损检测→垫层→模板的安装→钢筋加工、制作、绑扎安装→混凝土浇筑→养生→检验验收，如图 3-4 所示。

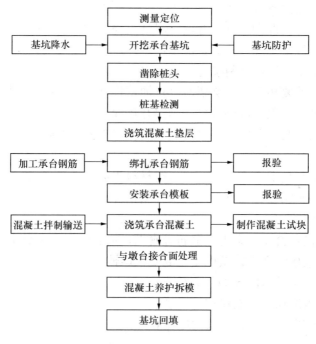

图 3-4 承台施工工序图

2.施工操作方法及技术要求

(1)测量放样

由测量员严格按照批准的复测成果、加密方案、设计尺寸,计算承台坐标,实地测放承台位置、标高,测量过程中实行双检双核制度,并经监理见证签认。

(2)基坑开挖

1)桩身混凝土达到一定的强度后进行基坑开挖。在基坑开挖线以外5m处设置纵横向截水沟将地表水排入天然水沟。根据土质等情况基坑可采取集水坑排水或井点降水,如图3-5所示。

图 3-5 基坑轻型井点降水

2）采用挖掘机放坡开挖，坑底预留 30cm 人工清底。并根据地质情况，设置木桩或钢管桩等临时支护措施，防止边坡坍塌，如图 3-6 所示。

图 3-6 基坑开挖与支护

（3）清理桩头、基桩检测

破除桩头前，应在桩体侧面用红油漆标注高程线，以防桩头被多凿，造成桩顶伸入承台内高度不够。破除桩头时应采用空压机结合人工凿除，上部采用空压机凿除，下部留有 10~20cm 由人工进行凿除。将灌注桩高于桩顶的主筋逐根剔凿，使其与混凝土分离并将其弯成一定角度，以能将桩顶以上的混凝土清除为宜。将伸入承台的桩身钢筋清理整修成设计形状，如图 3-7 所示。

图 3-7 桩头混凝土清理及钢筋清理整修

复测桩顶高程，进行桩基检测。桩头凿完后应报与监理验收，并经超声波等各种检测合格后方可浇筑混凝土垫层。

（4）浇筑混凝土垫层

基坑开挖完毕，对基底进行清理，并进行夯实，待桩基检测合格后，浇筑混凝土垫层，垫层尺寸较承台外扩 10cm，选用 C15 混凝土，垫层须摊铺均匀、平整，如图 3-8 所示。

图 3-8　浇筑混凝土垫层

（5）钢筋制作及安装

垫层达一定强度后，开始绑扎承台钢筋，底层钢筋网在基坑内绑扎完成，并与侧面、顶面钢筋网形成整体骨架，如图 3-9 所示。

图 3-9　承台钢筋绑扎

1）钢筋进场时，查验质量证明文件，外观应平直、无损伤，表面无裂纹、油污、颗粒状或片状老锈，并按批（同牌号、同炉罐号、同规格、同交货状态）取试件做相关试验。

2）按设计间距、规格、排距布置承台钢筋，并将承台的主筋与伸入承台的桩基钢筋连接。

3）底面及侧面交错布置一混凝土垫块，以保证浇筑混凝土时钢筋保护层厚度。承台顶面预埋与墩身接茬钢筋，位置要准确，满足钢筋保护层要求。

（6）模板安装

1）在桩基检测合格后，测量员对承台四角点进行施工放样，监理工程师检测合格后，用墨斗弹出承台边线，支立承台模板。

2）一般采用组合钢模板，模板安装前应清理表面杂物，涂刷隔离剂。安装时注意控制好模板的标高和垂直度。

3）模板的加固可采用"内拉外顶"的方法，内部设置拉筋，拉筋外套PVC管，以便拆除时将拉筋抽出。外部用方木或钢管支撑，确保混凝土浇筑过程中不跑模。

4）安装完成后检查其接缝，内外支撑和拉杆及连接螺栓是否牢固可靠。检查保护层的厚度，混凝土预埋件是否齐全，位置是否准确，长度和预埋深度是否符合要求，如图3-10所示。

图3-10 模板安装

（7）混凝土浇筑

1）混凝土由运输车运送，通过泵车直接浇筑到位，如图3-11所示。

图3-11 混凝土浇筑

2）当结构尺寸相对较小或能满足温控要求时，混凝土可一次性连续浇筑，以保证结构的整体性。

3）混凝土分层并由两边向中间对称浇筑，每层的浇筑厚度 30cm 为宜，上层和下层前后浇筑距离应保持 1.5m 以上，且保证上下层混凝土在初凝之前结合好，防止形成施工缝，混凝土沿高度均匀上升。

4）混凝土振捣采用插入式振捣器，振捣深度应超过每层的接触面 50～100mm，保证下层在初凝前再进行一次振捣，使混凝土具有良好的密实度。每处振动完毕边振边缓慢提起振动器，即"快插慢拔"。

5）振捣器在施工中移动间距不应超过振捣器作用半径的 1.5 倍，与侧模保持 5～10cm 的距离，避免振捣器碰撞模板、钢筋及其他预埋件。插入点要均匀排列，排成"行列式"或"交错式"，防止漏振。

6）当混凝土面不再下沉、不再冒气泡、表面呈现平坦、泛浆时应停止振捣，以免混凝土离析，结构表面产生蜂窝、麻面。浇筑完成后，混凝土裸露面及时进行修整、抹平。

7）当承台尺寸较大，为确保承台大体积混凝土质量，可采取以下措施：

① 采取"内降外保"的温控措施，在混凝土内部埋设冷却管，在管内不断通入冷水，加速混凝土内部温度的散发。外部采取覆盖蓄热或蓄水保温措施。

② 改善骨料级配，降低水胶比，可掺粉煤灰、减水剂来减少水泥用量。

③ 采用水化热低的矿渣水泥等。

④ 降低骨料温度，如冷水冲洗等。

8）混凝土浇筑过程中应指派专员巡查模板，检查模板是否出现松动、跑模等现象，如发生立即上报，采取加强措施，确保承台尺寸偏差满足规范要求。

9）每次灌注混凝土必须按规范留足强度及弹性模量试件，进行强度检查。指定专人填写混凝土施工记录，详细记录原材料质量、混凝土的配合比、坍落度、拌合质量、混凝土的浇筑和振捣方法、浇筑进度和浇筑过程出现的问题等，以备检查。

（8）混凝土养护及拆模

混凝土浇筑完毕，收浆后尽快予以覆盖和洒水养护，洒水养护时间一般为 7 天，可根据湿度、温度和水泥品种及掺用的外加剂等情况，酌情延长或缩短。每天洒水次数，以能保持混凝土表面经常处于湿润状态为度。养护到达 2.5MPa 前，不得使其承受行人、运输工具、模板、支架等荷载。

当混凝土强度达到 2.5MPa（或以上）时，可进行模板拆除作业。

3.3 施工质量检验标准

（1）现浇混凝土承台施工中的钢筋、模板、混凝土质量应分别符合规范中 5.4、6.5、7.13 部分相应的规定。

（2）一般项目

1）混凝土承台允许偏差应符合表 3-1 中的规定。

混凝土承台允许偏差　　　　　　　　表 3-1

项目		允许偏差(mm)	检验频率		检验方法
			范围	点数	
断面尺寸	长、宽	±20	每座	1	用钢尺量,长、宽各 2 点
承台厚度		0 ±10	每座	4	用钢尺量
顶面高程		±10		4	用水准仪测量四角
轴线偏位		15		4	用经纬仪测量,纵、横各 2 点
预埋件位置		10	每件	2	经纬仪放线,用钢尺量

2) 承台表面应无孔洞、露筋、缺棱掉角、蜂窝、麻面和宽度超过 0.15mm 的收缩裂缝。

检查数量：全数检查。

检验方法：观察、用读数放大镜观测。

习　题

1. 填空题

（1）承台施工采用人工配合机械开挖基坑。用机械开挖至距设计承台底标高约＿＿＿＿＿后，人工清理四周及基底，并找平。

（2）按设计间距、规格、＿＿＿＿＿＿＿＿＿布置承台钢筋，并将承台的主筋与＿＿＿＿＿＿＿＿＿＿钢筋连接。

（3）承台同一排中受力钢筋间距允许误差为＿＿＿＿＿＿＿。

（4）混凝土浇筑过程中应指派专人检查模板是否出现＿＿＿＿＿＿＿＿＿、＿＿＿＿＿＿＿等现象，以保证承台尺寸偏差满足规范要求。

2. 选择题

（1）承台浇筑混凝土分层浇筑时，每层厚度一般不超过（　　）cm。

A. 10　　　　　　B. 30　　　　　　C. 50　　　　　　D. 60

（2）承台侧模应在混凝土强度达到（　　）以上，且其表面及棱角不因拆模而受损时，方可拆除。

A. 设计强度　　　B. 10MPa　　　　C. 2.5MPa　　　　D. 0.5MPa

（3）承台的断面尺寸及顶面高程的允许偏差分别为（　　）mm。

A. ±30，±20　　B. ±20，±10　　C. ±20，±20　　D. ±10，±5

（4）混凝土浇筑时的自由倾落高度不得大于（　　）；否则，应采用滑槽、串筒、漏斗等器具辅助输送混凝土，保证混凝土不出现分层离析现象。

A. 2m　　　　　　B. 5m　　　　　　C. 3m　　　　　　D. 0.5m

3. 简答题

（1）承台施工技术准备工作包括哪些内容？

（2）混凝土浇筑的技术要求有哪些？

项 目 实 训

【现浇混凝土承台混凝土质量检验】

1. 实训任务与安排

对校内桥梁实训场地内已浇筑完成的承台（展示结构物），进行混凝土质量外观检测并填写相关表格。

2. 工具准备

水准仪、经纬仪、钢尺。

3. 步骤

（1）分组，每5～10人为一组。

（2）每组由部分人员负责量测，另一部分人员负责记录。

按规范要求的频率、方法进行断面尺寸、厚度、顶面高程、轴线偏位、预埋件位置的检测。

（3）根据检测数据填写表格，见附表2。

（4）各组互换验收记录并给出验收结论。

（5）总结交流、互评。

项目 4　现浇混凝土墩台身施工

项目概述

梁墩台施工是桥梁施工的重要组成部分，施工质量对上部结构的制作、安装及桥梁建成后的使用有较大影响，桥梁墩台施工一般包括墩台身施工和盖梁施工两部分。本学习项目的现浇墩台身施工包括：施工放样、搭设支架、绑扎（吊装）钢筋骨架、安装模板、混凝土浇筑、养护、拆除模板支架等工作内容，如图4-1及图4-2所示。

图 4-1　柱式墩身施工

图 4-2　台身（肋板）施工

项目学习目标

1. 掌握墩台身基本施工方法、工艺流程、技术要求。
2. 能按施工操作技术要求进行现场质量监督、控制。
3. 能按质量检验标准进行墩台身施工质量检查验收。

4.1　施　工　准　备

1. 技术准备
1）熟悉、核查设计图纸。

2）制定专项施工方案，报请批准后实施。

3）进行技术交底和安全交底，明确墩台坐标、标高、灌注混凝土的强度等级、坍落度及质量要求，并履行书面交底手续。

4）复核墩台中心位置、墩台底截面设计标高，设置控制桩，便于随时检查墩台位置和标高。准确放样标出预留孔洞、预埋件位置。

2. 材料准备

1）桥墩、桥台所需原材料应符合设计要求及相关产品标准规定。

2）桥墩、桥台的模板、支架、钢筋、混凝土、风缆等应符合施工规范及施工组织设计中的施工方案的规定。

3. 施工机具与设备

1）吊装设备：汽车吊（图4-3）、履带吊等。

图4-3 汽车吊

2）钢筋或钢筋笼加工设备（图4-4）、运输设备；混凝土运输设备，混凝土泵车（图4-5）、混凝土灌注导管等，其数量应根据设备能力、工程量、施工程序、工期要求确定。

图4-4 全自动钢筋笼滚焊机

图4-5 29m混凝土泵车

3）测量检验仪器工具：全站仪、经纬仪、水准仪；墩台几何尺寸检测工具、检测仪器；混凝土试模等。

4. 现场准备

墩台施工是在基础施工结束后开始的，施工中用于旱地开挖的基坑放坡或水中围堰依然有效。清理施工现场周围有碍施工的杂物，确保现场边坡稳定，围堰四周密实不漏水，工作平台处于安全状态。

4.2 施工操作工艺

1. 工艺流程（图4-6）
2. 施工操作方法与技术要求

（1）基础顶面处理及放样

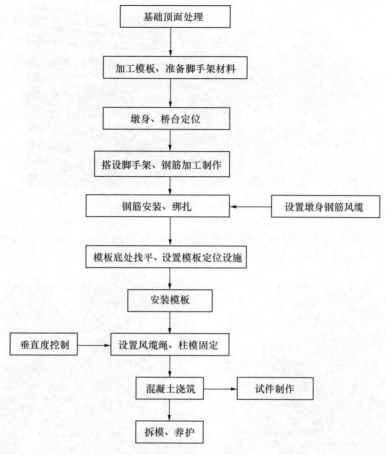

图 4-6 现浇混凝土墩身、台身施工工艺流程

1）施工前应对施工范围内的基础顶面（承台顶面）的混凝土进行凿毛、整平、用清水冲洗干净，以利于新旧混凝土的结合。整修连接钢筋，进行表面除锈去浆，检查承台顶面高程、坐标位置及预埋筋位置。

2）在承台顶面测量放线，放出墩台坐标控制线（纵横轴线）、外形结构尺寸线。依据钢筋保护层厚度，标出主钢筋就位位置。

3）搭设脚手架作业平台前将其地基进行平整，将地面压实后铺一层150mm厚稳定粒料垫层并整平压实（承台顶面不需要铺筑稳定粒料），采用碗扣式支架搭设施工脚手架，墩柱位置搭设脚手架应四周环形闭合，桥台脚手架搭设宽度为桥梁全宽，以增加支架稳定性。

（2）钢筋加工制作、连接、安装、绑扎

1）钢筋骨架宜在钢筋加工厂统一加工成型，如图 4-7 所示，检验合格后运至现场。在配置第一层垂直筋时，应使其有不同的长度，以符合同一断面筋接头的有关规定。预埋钢筋的长度宜高出基础顶面1.5m，钢筋接头应错开配置，错开长度符合设计要求和规范规定。水平钢筋的接头应内外、上下相互错开。图 4-8 及图 4-9 所示为制作完成的墩身钢筋骨架。

钢筋骨架制作
参考视频

图 4-7 钢筋滚焊机制作钢筋骨架

2）承台（基础）施工时应根据墩柱和台身高度预留插筋。当台身不高时可一次预留到位；当墩柱、台身较高时，钢筋可分段施工。

图 4-8 制作完成的墩身钢筋骨架

图 4-9 墩身钢筋骨架筋骨架吊装

3）随着绑扎高度的增加，用碗扣支架或圆钢管搭设绑扎施工脚手架，做好钢筋骨架的支撑并系好保护层垫块。

4）垫块的强度、密实度不应低于本体混凝土的设计强度和密实度。垫块应互相错开，分散布置，并不得横贯保护层的全部截面。

5）对已经安装好的钢筋骨架，在安装模板前应有临时稳定措施，防止倾倒，安装完毕的钢筋总高度超过 9m 时，应安装风缆使其保持稳定。

（3）模板安装

现浇混凝土墩柱、桥身模板应符合施工规范规定，并应符合下列要求：

1）模板安装前应将基础顶面清洗干净，根据设计图纸对墩柱、台身中心及模板内外边线放样，并用墨线弹出，在位置线处设定位装置，保证立柱轴线、边线的准确。

2) 对模板承垫的底部应预先采用水泥砂浆设置找平层，但找平层不得侵占立柱、台身实体，避免钢筋无保护层。

3) 圆形或矩形截面墩柱宜采用定型钢模板，薄壁桥台、肋板式桥台及重力式桥台可选用钢木模板；模板应按施工图形尺寸进行预拼装，经检验符合要求后，方可使用。

4) 圆形或矩形截面墩柱定型钢模板安装前应进行预拼装，合格后，视吊装能力，分节组拼成整体模板（6～8m），采用吊车吊装；加工制作的模板表面要光滑平整，尺寸偏差符合要求，模板要有足够的强度、刚度和稳定性，缝隙紧密不漏浆，如图4-10所示。

图4-10　安装完成后的桥墩模板

5) 桥台外露面模板采用定形大模板，台背采用钢模板组合（图4-11），方木加肋。现浇混凝土桥台模板支撑采用工字钢三角架。

6) 模板安装采用人工配合吊车就位，就位后，利用基础顶面的预留锚栓（螺栓）、预埋筋、定位楔及支撑体系、拉杆、缆风绳等将其固定。

7) 模板安装固定后应测量模板顶高程，并根据设计高程计算出混凝土面距模板顶的高度。

柱式墩身模板
参考视频
（密码1718）

（4）混凝土浇筑施工

混凝土浇筑施工应符合施工规范的规定，并应符合下列要求：

1) 墩柱、台身混凝土浇筑前应对模板内的杂物、积水等清理干净。

2) 可采用泵送或吊车配合料斗的方式浇筑混凝土，浇筑施工时应保证出料口与浇筑面之间的距离小于2.0m，防止混凝土离析；宜采取适当措施使操作人员进入模板内靠近混凝土，如图4-12所示。

图 4-11　桥台背墙、耳墙组合钢模板安装

图 4-12　墩身混凝土浇筑

3）混凝土的坍落度根据现场气温适当控制，一般情况下，混凝土的坍落度在入模后应保持在 50～70mm 之间，泵送混凝土可保持在 120～140mm 之间。

4）墩台混凝土应在整截面内水平分层，连续一次浇筑，每层厚度不宜超过 300mm，如因故中断，间歇时间超过规定则应按工作缝处理。

5）柱身高度内有系梁连接时，系梁应与柱同步浇筑。V 型墩柱混凝土应对称浇筑。

桥台背墙模板
安装参考视频
（密码：1718）

6）现浇墩台采用插入式振捣器振捣混凝土，插入式振捣器的移动间距不宜大于振捣器作用半径的 1.5 倍，且插入下层混凝土内的深度宜为 50～100mm，与侧模应保持 50～100mm 的距离，避免振捣棒碰撞模板、钢筋及其他预埋部件。

（5）模板拆除及混凝土养护

1）混凝土强度应达到设计要求时，方可拆除模板，设计未规定时混凝土强度应不小于 2.5MP，且其表面及棱角不因拆模而受损时，方可拆除。

2）模板拆除应按立模顺序逆向进行，先支后拆，后支先拆，应自上而下，分层拆除，注意不得损伤混凝土，并减少模板破损。

3）拆除模板时用先人工配合吊车，先人工松开支撑和螺栓等连接杆件，用吊车吊住模板一侧顶部，其相连模板应有临时固定措施，如图 4-13 所示。

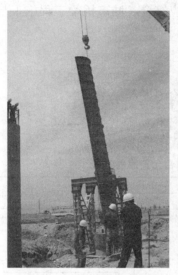

图 4-13 桥墩的模板拆除

拆模后应立即采用塑料薄膜将将立柱、台身包裹，并采用墩顶滴灌等方式进行养护。混凝土的保湿养护时间应不少于 7d，如图 4-14 所示。

图 4-14 墩身混凝土覆膜养护

4.3 质量检验标准

墩、台施工涉及的模板与支架、钢筋、混凝土质量检验标准应遵守《城市桥梁工程施工与质量验收规范》中 5.4、6.5、7.13 节的相应规定。

1. 主控项目

（1）钢管混凝土柱的钢管制作质量检验应符合《城市桥梁工程施工与质量验收规范》第 10.7.3 条第 2 款的规定。

（2）混凝土与钢管应紧密结合，无空隙。

检查数量：全数检查。

检验方法：手锤敲击检查或检查超声波检测报告。

2. 一般项目

（1）现浇混凝土墩台允许偏差应符合表 4-1 的规定。

现浇混凝土墩台允许偏差表　　　　表 4-1

序号	项目		允许偏差(mm)	检验频率 范围	检验频率 点数	检验方法
1	墩台身尺寸	长	0，+15	每个墩台或每个节段	2	用钢尺量
		厚	+10，-8		4	用钢尺量，每侧上、下各 1 点
2	顶面高程		±10		4	用水准仪测量
3	轴线偏位		10		4	用经纬仪测量，纵、横各 2 点
4	墙面垂直度		≤0.25%H，且≤25		2	用经纬仪测量或垂线和钢尺量
5	墙面平整度		8		4	用 2m 直尺、塞尺量
6	节段间错台		5		4	用钢尺和塞尺量
7	预埋件位置		5	每件	4	经纬仪放线，用钢尺量

注：表中 H 系墩台高度（mm）。

（2）现浇混凝土柱允许偏差应符合表 4-2 的规定。

现浇混凝土柱允许偏差表　　　　表 4-2

序号	项目		允许偏差(mm)	检验频率 范围	检验频率 点数	检验方法
1	断面尺寸	长、宽(直径)	±5	每根柱	2	用钢尺量，长、宽各 1 点，圆柱量 2 点
2	顶面高程		±10		1	用水准仪测量
3	垂直度		≤0.2%H，且≤15		2	用经纬仪测量或垂线和钢尺量
4	轴线偏位		8		2	用经纬仪测量
5	平整度		5		2	用 2m 直尺、塞尺量
6	节段间错台		3		4	用钢板尺和塞尺量

注：表中 H 系柱高（mm）。

(3) 混凝土表面平整，线条直顺、清晰。
检查数量：全数检查。
检验方法：观察。

桥墩施工
参考视频
（密码：1718）

习　题

1. 填空题

(1) 墩台施工前应对施工范围内的基础顶面（承台顶面）的混凝土进行_____，并用清水_____，以利于_____。整修承台_____，进行表面除锈去浆。

(2) 墩、台身模板安装前应将基础顶面清洗干净，根据设计图纸对墩台_____及模板的_____放样，并用墨线弹出，在位置线处设_____，保证立柱轴线、边线的准确。

(3) 墩台混凝土应在_____内，_____浇筑，每层厚度不宜超过_____，如因故中断，间歇时间超过规定则应按_____处理；

(4) 混凝土浇筑时，采用插入式振捣器的移动间距不宜大于振捣器作用半径的_____倍，且插入下层混凝土内的深度宜为_____mm，与侧模应保持_____mm的距离，避免振捣棒_____。

(5) 拆模时混凝土强度应不小设计要求，当设计未规定时应不小于_____。模板拆除应按立模顺序逆向进行，先支_____拆，后支_____拆，应自_____而_____，分层拆除，拆除，注意不得损伤_____，并减少模板破损。

2. 简答题

(1) 施工技术准备工作的主要内容是什么？
(2) 说明现浇混凝土墩台施工的一般工艺流程。
(3) 墩台混凝土拆模后养护的方法、要求？
(4) 现浇混凝土墩、台允许偏差的检查项目有哪些？
(5) 分析墩身混凝土在模板节段拼装处上下（横向）合缝不平整、错台、呈抱箍状缝痕的原因，说明应采取的主要预防措施。

项　目　实　训

【回弹仪检测墩台混凝土强度】

1. 实训任务与安排

选取校内桥梁实训场地或校外施工现场，用回弹仪检测已完成养护的墩台混凝土强度。

2. 工具、仪器

钢砧、砂轮、毛刷。

3. 步骤

(1) 分组，每3～5人。

(2)每组由人员轮换操作回弹仪和记录。
(3)按检测规程要求进行操作。
(4)根据检测数据填写表格,见附表3。
(5)各组互换验收记录并给出验收结论。
(6)总结交流、互评。

项目5 支架法现浇墩台盖梁施工

项目概述

盖梁是在桩柱式桥墩墩身顶部或桩柱式、肋板式桥台台身顶部设置的为支承上部结构并传递上部结构荷载的横梁,如图5-1所示。

图5-1 钢筋混凝土盖梁

配筋混凝土盖梁的施工总体上可分为整体预制安装法和现场浇筑法两大类型。现场浇筑法根据其施工时的支撑方式不同有横穿型钢法、预埋钢板法、支架法、贝雷架叠加法及抱箍法等,本项目主要学习普通钢筋混凝土现浇盖梁的支架施工法。

支架施工法是现浇盖梁中采用得较多的一种方法,盖梁施工的所有临时设施重量及盖梁重量均由支架承受,直接传到地面,支架可用万能杆件也可采用钢管支架搭设,如图5-2所示。支架法的优点是:施工方便、灵活,支架形式、高低可根据墩周围的地形和墩柱的高度等而变化,不用像横穿型钢法、预埋钢板法等在墩柱上设置预埋件,不会对墩柱外观造成影响。但是支架法对地基的承载力要求比较高,对软土地基还需要浇筑混凝土地坪,必须对支架进行预压以消除非弹性变形,墩柱较高时,支架庞大,施工的经济性往往较差。所以,支架法较适合于桥墩高度不大,地基条件较好的情况下的盖梁工。

现浇盖梁施工
方法介绍
参考图文

图 5-2 支架施工法现场

项目学习目标

1. 了解盖梁的常用施工方法及各方法的适用性。
2. 掌握支架法现浇盖梁的工艺流程和施工技术要求。
3. 能按质量验收规范进行盖梁质量检查验收。

5.1 施工前准备工作

1. 技术准备

(1) 熟悉设计文件和施工图纸,掌握施工图要求。

(2) 分析施工现场地质、水文资料,编制盖梁专项施工方案,向班组进行技术安全交底。

(3) 进行施工放样,测定盖梁纵横轴线,角点位置及底面标高,并办理监理工程师符合签认手续。

(4) 对支架模板进行检查验收。

(5) 根据计划安排提出工程用料计划,施工机具计划明确各类物资进场时间,做好材料试验、报验及厂家资质审查,通过后及时进行加工订货工作。

2. 材料准备

(1) 现浇混凝土盖梁所需模板、支架、钢筋、混凝土等材料应按规定进行检验,确保符合设计及相应标准要求。

(2) 材料应根据施工进度要求分批进场,并保证一定的库存量。

3. 施工机具与设备

(1) 钢筋施工机具:自动弯曲机、钢筋调直机、钢筋切断机、电焊机、砂轮切割机等。

(2) 模板施工机具：电锯、电刨、手电钻等。
(3) 混凝土施工机具：混凝土运输车、混凝土泵车、混凝土振捣器等。
(4) 安全设备：安全帽、安全带、防护网、施工爬梯、防滑鞋、防水照明灯等。
(5) 测量检测仪器：全站仪、水准仪、钢卷尺、锤球、2m直尺等。
(6) 其他设备：发电机组等。

5.2 施工操作工艺

施工前应保证完成以下工作：
① 墩柱或肋板已验收合格；② 场地已完成三通一平；③ 材料已按需要分批进场，并经检验合格，机械设备状况良好；④ 墩柱或肋板顶面与盖梁接缝位置充分凿毛，满足有关施工缝处理的要求。

1. 施工工艺流程

支架法现浇混凝土盖梁施工工艺流程，如图5-3所示。

2. 施工操作方法及技术要求

（1）地基处理

支架搭设前应先根据地质情况做好地基处理，并做好排水防止被水浸泡引起地基沉降。如果下部无承台的应先对盖梁施工范围内的地基进行硬化处理，可掺灰处理或者对原地面进行碾压后垫预制块。如果下面有承台则支架可直接支立于承台之上。

（2）测量放线

在墩柱顶准确放出盖梁的纵横轴线及高程并进行复合。

（3）支架搭设

1) 支架立柱底端必须放置枕木或混凝土垫块来分布和传递压力。

2) 根据地面与盖梁标高计算支架顶托、底托高度，确保精确度，如图5-4所示。

3) 按照规定的构造方案和尺寸进行搭设，并注意杆件的搭设顺序。随着支架的升高，及时架设临时支撑，以确保施工过程中支架的牢固和稳定性。

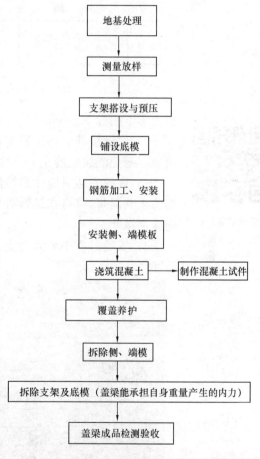

图5-3 现浇混凝土盖梁施工工艺流程图

4) 安装过程中应随时校正杆件垂直和水平偏差，避免偏差过大。

5) 支架地基严禁被水浸泡，冬期施工必须采取措施防止冻融引起的冻胀与沉降。

（4）底模铺设

1) 盖梁的底模宜采用钢模板或竹胶板，模板挠度不应超过模板跨度的1/400，钢模

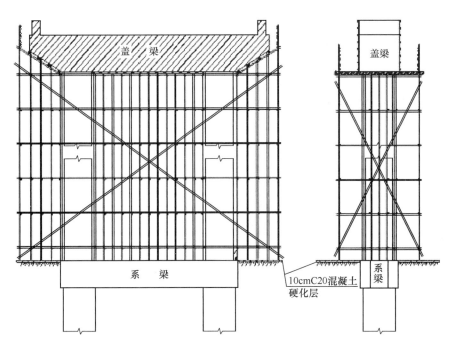

图 5-4 盖梁支架立面示意图

桥墩盖梁支架
施工安全教育

板变形不超过 1.5mm。

2）底模接缝应保证紧密，可在模板接缝位置贴以双面胶或采用泡沫剂填塞，避免浇筑混凝土时发生漏浆现象。

3）底模安装时应注意控制墩柱顶与底模结合部的严密性，采取有效措施防止其漏浆。（可在结合处粘贴 5mm 海绵条，用水泥净浆封堵找平或用泡沫剂填塞）

4）安装过程中可通过支架上螺杆、木楔或砂箱调整底模高程，如图 5-5 所示。

图 5-5 底模铺设

(5) 钢筋加工安装

1) 钢筋整体吊装

① 钢筋在加工场地严格按图纸及设计要求下料，然后运输到工地现场制作规范的绑扎台座上进行成型绑扎。

② 加工时盖梁焊接接头应均匀布设，在同一断面上钢筋焊接接头不能大于总面积的 50%。

③ 如盖梁上设有预埋件和预应力管道，必须按照图纸要求准确设置预埋件。

④ 绑扎完成后采用多点吊装方法，防止盖梁钢筋骨架在吊装时变形。

⑤ 骨架按测量轴线位置准确就位，如有偏差及时调整，防止钢筋骨架偏位。

⑥ 做好钢筋保护层垫块，安装时必须呈梅花状设置垫块，以保证钢筋保护层厚度。

2) 在盖梁上绑扎

钢筋骨架在拼装台焊拼、其他钢筋加工成半成品后，吊到已支好的底模上进行绑扎，经检查无误后进行波纹管安放定位，放置垫块，以保证钢筋保护层厚度，如图5-6所示。

图 5-6 盖梁上钢筋骨架绑扎

(6) 侧模、端模安装

1) 钢筋骨架就位后，吊运拼装侧模。在侧模接缝处和侧模与底模接缝处粘 5mm 双面胶条。

2) 采用对销拉杆使模板就位。拉杆应有足够的强度和较小的变形，并采取有效措施使拉杆和现浇混凝土隔离；拉杆和模内支撑应设置在同一平面，通过内外支撑和缆绳对模板进行调整、对中、加固，使其稳固。

桥台盖梁钢筋骨架绑扎参考视频

3) 端头模板要和侧面模板牢固连接，认真采取支撑、加固措施，防止跑模、漏浆。

4) 模板板面之间应平整，接缝严密，保证盖梁外露面美观，线条流畅。模板拼装时严格按设计图纸尺寸进行作业，其垂直度、轴线偏位、标高、内部尺寸等必须满足施工技术规范要求。

5）模板内应无污物、砂浆及其他杂物。模板安装完毕后，应对其平面位置，顶面高程，接点联系及纵横向稳定性进行检查，报监理工程师检查验收，监理签认后方可浇筑混凝土，如图 5-7 所示。

图 5-7 模板检查验收

(7) 混凝土浇筑及养护

1）混凝土浇筑前应保证模内一定清理干净。

2）混凝土可采用泵送或吊车配合料斗的方式人工连续分层浇筑。

3）浇筑时应保证出料口与浇筑面之间的距离小于 2m。

4）混凝土浇筑要分层浇筑分层振捣，分层厚度控制在 30cm 以内。在灌注上层时，振捣器应稍插入下层 5～10cm 使两层结合一体，如图 5-8 所示。

图 5-8 混凝土浇筑

5）混凝土浇筑时要应派专人检查察模板和支架，随时观察模板、支撑是否松动变形、预留孔、预埋支座钢板是否移位，发现问题要及时采取补救措施。

6）混凝土应振动到停止下沉，无显著气泡上升，表面平坦一致，呈现薄层水泥浆时为止。

7）混凝土浇筑完成后，初凝前及时进行二次收浆，防止盖梁产生收缩裂缝。混凝土浇筑完成应适时覆盖洒水养护，如图 5-9 所示。

图 5-9　盖梁混凝土养护

桥台盖梁混凝土浇筑施工及桥墩盖梁骨架绑扎

支承垫石施工过程参考图文

支承垫石施工作业指导书

（8）拆侧模及底模

混凝土强度达到 2.5MPa 后，在不损坏混凝土角边情况下，即可拆侧模，底模的拆除应待混凝土达到一定强度时，使梁体能够承担自身重量产生的内力后方可进行。拆除后，用土工布或塑料布覆盖，洒水养护。

5.3　施工质量检验标准

现浇混凝土盖梁施工的模板、支架、钢筋、混凝土、预应力应符合规范中相应规定，且应符合下列规定：

1. 主控项目

现浇混凝土盖梁不得出现超过设计规定的受力裂缝。

检查数量：全数检查。

检验方法：观察。

2. 一般项目

（1）现浇混凝土盖梁允许偏差应符合表 5-1 的规定。

（2）盖梁表面应无孔洞、露筋、蜂窝、麻面。

检查数量：全数。

现浇混凝土盖梁允许偏差 表 5-1

项目		允许偏差（mm）	检验频率		检验方法
			范围	点数	
盖梁尺寸	长	+20，-10	每个盖梁	2	用钢尺量，两侧各 1 点
	宽	+10，0		3	用钢尺量，两端及中间各 1 点
	高	±5		3	
盖梁轴线偏位		8		4	用经纬仪测量，纵横各 2 点
盖梁顶面高程		0，-5		3	用水准仪测量，两端及中间各 1 点
平整度		5		2	用 2m 直尺和塞尺量
支座垫石预留位置		10	每个	4	用钢尺量，纵横各 2 点
预埋件位置	高程	±2	每件	1	用水准仪测量
	轴线	5		1	经纬仪放线，用钢尺量

习　题

1. 填空题

（1）现浇盖梁的施工，根据施工时盖梁的支撑方式，分为_____、_____、_____、_____、_____等五种主要方法。

（2）盖梁底模安装时应注意控制_____与底模结合部的_____性，采取有效措施防止其_____。

（3）支架立柱底端必须放置_____或_____来分布和传递压力。

（4）混凝土浇筑要分层浇筑分层振捣，分层厚度控制在_____cm 以内，在灌注上层时，振捣器应稍插入下层_____cm，使两层结合一体。

（5）混凝土浇筑时要应派专人检查_____和_____，随时观察模板、支撑是否_____、预留孔、预埋支座钢板是否_____，发现问题要及时采取补救措施。

2. 简答题

（1）简述现浇混凝土盖梁轴线偏位、顶面高程的允许偏差、检验频率和检验方法。

（2）简述地基处理方法。

项　目　实　训

【现浇混凝土盖梁成品现场质量检验】

1. 实训任务与安排

选取校园实训场桥梁构造物或校外桥梁现场，依据质量验收要求对盖梁成品进行检查验收，并填写相关表格。

2. 工具准备

验收项目所需检测工具。

3. 步骤

（1）分组，每 5～10 人为一组。

（2）每组由部分人员负责量测，另一部分人员负责记录。
（3）根据实际验收数据填写验收记录，见附表4。
（4）各组互换验收记录并给出验收结论。
（5）上交验收记录表。

项目6 先张法预应力简支空心板梁预制施工

项目概述

先张法是在预制混凝土构件时,先在台座上将预应力筋张拉到设计控制应力,用夹具临时固定,然后支模板浇筑混凝土,待梁体混凝土达到一定的龄期和强度后,放松并切断预应力筋,通过预应力筋与混凝土之间的粘结力使混凝土获得有效的预加应力的一种施工方法,一般适用于中小跨径简支梁桥,如图6-1所示。

图6-1 先张法施工现场

项目学习目标

1. 熟悉先张法基本工艺流程。
2. 掌握张拉台座构造、制作要求。
3. 掌握预应力筋的安装、张拉、放张等技术操作方法和要求。
4. 能按质量检验标准分别对预应力混凝土、预制完成的梁体进行质量检查验收。

6.1 施 工 准 备

1. 技术准备
(1) 熟悉施工图纸和设计资料,符合空心板梁长度、细部尺寸等技术指标。
(2) 完成专项施工方案编制、审批工作。
(3) 对张拉设备进行检验,千斤顶、油泵、压力表系统、应力应变传感器等应由相应资质的部门配套检定并标定完成。
(4) 对张拉技术人员进行培训,考核合格后方可持证上岗。

(5) 进行安全技术交底；落实组织、指挥系统。

(6) 张拉操作人员应配对讲机，以便在现场及时沟通协调。

2. 材料准备

(1) 预应力混凝土板梁所需材料（模板、支架、钢筋、预应力钢筋、混凝土等），应符合设计和施工规范要求（参见项目9）。

(2) 以充气胶囊（图6-2）作芯模时，在使用前应检查胶囊是否漏气，每次用完后应将其表面清洗干净，防止日晒，不得接触油、酸、碱等有害物质。

图6-2 充气胶囊芯模

3. 施工机具设备准备

(1) 预应力器材：锚具、夹具和连接器等，千斤顶、油泵或智能张拉仪、油压表、油泵、手提砂轮切割机、卷扬机等。

(2) 钢筋加工设备

钢筋调直机（智能数控钢筋调直机）、钢筋切断机、钢筋弯曲机（智能数控弯曲机）、电焊机、钢筋直螺纹套丝机。

(3) 混凝土施工机具：混凝土运输车、混凝土输送泵、混凝土料斗、附着式振捣器、插入式振捣器。

6.2 施工操作工艺

1. 工艺流程

先张法预应力空心板梁预制施工工艺，如图6-3所示。

2. 施工操作方法及技术要求

(1) 张拉台座制作

台座由台面、横梁和承力结构等组成，根据承力结构的不同台座可分为槽式台座（图6-4）、墩式台座（图6-5）、钢模台座（图6-6）等。张拉台座制作需根据台座设计要求分别进行台座基础，纵梁（压柱）、台座底板、张拉及固定端横梁等部分的施工。

1) 长线台座应采取分段浇筑施工，可由台座中部向两端进行施工。先进行纵梁（压柱）和横系梁的施工，再进行两端重力墩的施工和端部横梁安装，最后进行台座底板施工。底板表面应保证平整，用打磨机磨光作为预制梁的底模，为保证预制效果可在底板上

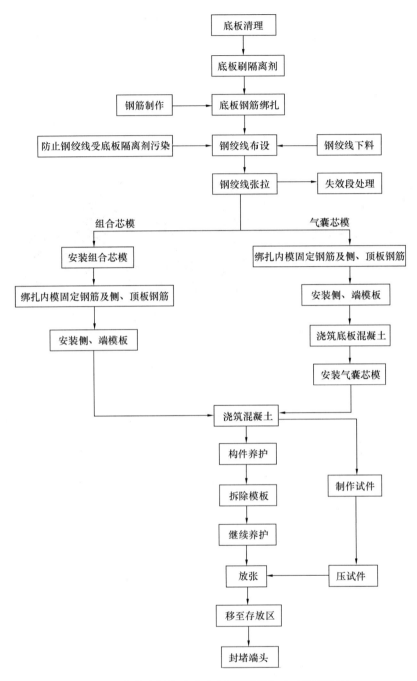

图 6-3 先张法预应力空心板梁预制施工工艺流程图

面铺设厚度不小于 6mm 的钢板作为底模。

2）台座两侧边为直线且平行，宜采用槽钢作为台座的包边，槽口向外，采用直径略大于槽口尺寸的高强橡胶管填塞，利用侧模顶紧橡胶管达到有效止浆，防止梁底漏浆。

3）在端部横梁上安装预应力钢绞线定位钢板，钢绞线定位钢板由厚 2cm 的钢板制成，定位钢板孔眼按设计图纸钢绞线的数量、间距进行加工，按钢绞线的位置及保护层厚

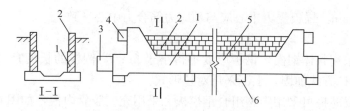

图 6-4 槽式台座示意图
1—钢筋混凝土端柱；2—砖墙；3—下横梁；4—上横梁；5—传立柱；6—柱垫

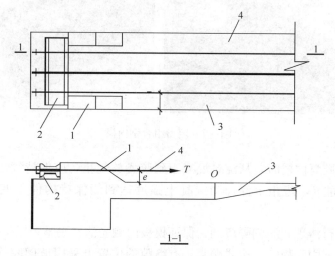

图 6-5 墩式台座示意图
1—混凝土墩；2—钢横梁；3—局部加厚的台面；4—预应力钢筋

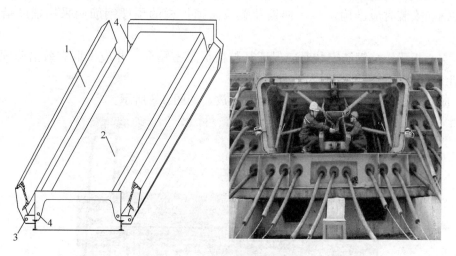

图 6-6 端部钢模板张拉台座
1—侧模；2—底模；3—活动铰；4—预应力筋锚固孔

度进行安装，以确保钢绞线位置准确。

4）张拉台座应具有足够的强度和刚度，其抗倾覆安全系数应不小于 1.5，抗滑移系数应不小于 1.3。张拉横梁及锚板应能直接承受预应力钢筋施加的压力，其受力后的最大挠度不得大于2mm。锚板受力中心应与预应力筋合力中心一致。

（2）模板安装

1）外模应采用整体钢模，钢板厚度不得小于6mm，侧模的长度宜稍长于设计梁长，模板下部采用支撑方式加固，上部采用对拉形式。

2）空心板梁芯模可采用定型组合钢模板和采用充气胶囊内模，如图6-7所示。

图6-7 定型组合钢内模

3）采用充气胶囊内模时，从浇筑混凝土到胶囊放气止，应保持气压稳定，应用定位箍筋与模板连接固定，防止上浮；当混凝土强度达到能保持构件不变形时，胶囊才可放气。

4）安装前进行清理和涂刷隔离剂，保证模板内侧光洁、平整。

5）安装后应牢固、稳定、边线顺直，有缝隙的位置可采用玻璃胶等材料进行填塞以防漏浆。

（3）普通钢筋安装

1）钢筋安装时应准确定位，伸缩装置及防撞护栏的预埋钢筋应采用辅助措施进行定位。

2）空心板梁铰缝钢筋安装时应保证其与模板紧密贴合，并应采取有效措施固定，保证混凝土拆模完毕后能够立即人工凿出。

3）应严格控制芯模的定位钢筋，严禁少放，如图6-8所示。

图6-8 空心板钢筋

(4) 预应力筋的安装和张拉
1) 预应力筋的安装
① 预应力筋应按设计要求的规格、数量、位置进行安装,如图 6-9 所示。

图 6-9 预应力筋的安装

② 钢绞线安装时不得碰到底板上的隔离剂,防止影响钢绞线与混凝土的粘结。

③ 钢绞线的失效段应采用具有一定刚度的塑料管,塑料管直径宜稍大于钢绞线直径,且端头应可靠密封,保证失效段与混凝土完全分割开。

④ 在张拉端和固定端宜采用连接器将钢绞线与螺杆连接,避免预应力筋的浪费。

2) 张拉前准备工作

① 张拉前,应对台座、横梁及各项张拉设备进行详细检查,符合要求后方可进行操作。

② 应调整张拉横梁及锚板位置,使锚板上预应力筋重心位置与所制构件的预应力筋重心设计位置相适应。

③ 张拉中使用的工具和锚具均应作外观或探伤检查。

3) 张拉程序

张拉程序应符合设计要求,设计未规定时,其张拉程序应符合表 6-1 的规定。

先张法预应力筋张拉程序　　　　　　表 6-1

预应力筋种类	张拉程序
螺纹钢筋	0→初应力→$1.05\sigma_{con}$(持荷 5min)→$0.9\sigma_{con}$→σ_{con}(锚固)
钢丝、钢绞线	0→初应力→$1.05\sigma_{con}$(持荷 2min)→0→σ_{con}(锚固)
	对于夹片式等具有自锚性能的锚具: 普通松弛力筋 0→初应力→$1.03\sigma_{con}$(锚固) 低松弛力筋 0→初应力→σ_{con}(持荷 5min 锚固)

注:1. 表中 σ_{con} 张拉时的控制应力值,包括预应力损失值。

4）张拉操作（图 6-10）

① 预应力筋张拉宜采用单束初调、整体张拉工艺；张拉宜先进行直线预应力筋初调，再初调和张拉折线预应力筋，最后张拉直线预应力筋；

② 整体张拉时，先用穿心式小千斤顶单根调至初应力并用螺母锚固，以此法逐根初调，直至一组全部初调完毕。在张拉端可用两只大千斤顶推动活动锚箱进行张拉，为保持活动锚箱平衡，千斤顶应同步顶进。先张拉至 2 倍初应力记下钢绞线伸长读数，然后继续张拉。整体张拉宜以 2 倍初应力至张拉控制应力间的伸长值推算张拉伸长值。

图 6-10 预应力筋的张拉

③ 张拉应以控制应力为主，测量伸长值为校核，当实测值与理论计算值相差大于 ±6% 时，应查明原因，及时处理后再继续张拉，如图 6-11 所示。

④ 按预应力筋的类型选定持荷时间 2～5min，使预应力筋完成部分徐舒（约为全部量的 20%～25%），以减少钢丝锚固后的应力损失。

⑤ 张拉满足要求后，锚固预应力筋、千斤顶回油至零。

⑥ 张拉时，预应力筋的断丝数量不得超过表 6-2 的规定。

图 6-11 量伸长

先张法预应力筋断丝限制　　　　　　　　　　表 6-2

预应力筋种类	项目	控制值
钢丝、钢绞线	同一构件内断丝数不得超过钢丝总数的百分比	1%
钢筋	断筋	不允许

⑦张拉钢筋时，为保证施工安全，应在超张拉放张至 $0.9\sigma_{con}$ 时安装模板、普通钢筋及预埋件等。

5）张拉安全要求

①张拉作业区应设立钢筋栅栏及安全防护网，并设立明显的安全防护警告牌。

②作业中发现油泵、千斤顶、锚卡等有异常时，立即停止张拉。排除故障经检验张拉设备合格后方可继续张拉，作业中操作要平稳均匀，张拉时两端严禁站人。

③张拉或退锚时，张拉油顶后面严禁站人，并在张拉作业区后方设置防护板以防预应力筋拉断或锚具、夹片弹出伤人。

④张拉作业时设置专人负责指挥，测量伸长量时，停止油顶张拉，作业人员必须站在侧面操作。

⑤张拉液压系统的高压油管的接头应加防护套，以防漏油伤人。高压油管在正式使用前做油管承压检查，保证油管的正常使用。

（5）混凝土浇筑

1）混凝土的浇筑应从一端到另一端连续进行，且应保证在下层混凝土初凝前开始上层混凝土的浇筑，如图 6-12 所示。

2）应严格控制混凝土坍落度，以减少因混凝土收缩和徐变引起的预应力损失。

3）振捣棒振捣应尽量避免碰及钢筋和模板。

4）采用充气胶囊内模时，胶囊两侧一定要对称下料，对称振捣，严防胶囊偏位，振捣棒要避免接触胶囊，以免刺破胶囊。

（6）预应力筋的放张

图 6-12 混凝土浇筑

1）预应力筋放张时的混凝土强度和弹性模量应符合设计规定；设计未规定时，不得低于设计强度等级值的80%，混凝土的弹性模量不得低于28天弹性模量的80%。

2）在预应力筋放张之前，应将限制位移的侧模、翼缘模板或内模拆除。

先张法空心板
梁施工技术
参考视频

3）预应力筋的放张顺序应符合设计要求。设计未规定时，应分阶段、对称、相互交错地放张。

4）多根整批预应力筋的放张一般使用砂箱法或千斤顶法。用砂箱法放张时，应注意控制放砂速度均匀一致；用千斤顶法时，放张宜分多次完成。单根钢筋采用拧松螺母的方法放张时，宜先两侧后中间，并分次进行放松，不得一次将一根力筋松完。

5）钢筋放张后，预应力筋宜采用砂轮锯切断。长线台座上预应力筋的切断顺序，应由放张端开始，逐次切向另一端。

（7）养护及封端

先张法空心板
施工现场
参考视频

1）梁体混凝土浇筑完成后，应及时对混凝土进行养护。梁板内箱应蓄水养护，水深应不小于50mm；顶面可采用土工布覆盖养护；腹板侧面应采用自动喷淋养护，喷淋系统应具备足够水压，确保淋湿所有外露面。养护时间不少于7d。

2）放张后可进行两端的封端施工，防止内腔空气不流通，温度高致使温度梯度过大，导致开裂。

6.3 施工质量检验标准

1. 预应力施工

（1）主控项目

1）混凝土质量检验应符合《城市桥梁工程施工与质量验收规范》CJJ 2—2008 的

规定。

2) 预应力筋进场检验应符合规范规定。

检查数量：按进场的批次抽样检验。

检验方法：检查产品合格证、出厂检验报告和进场试验报告。

3) 预应力筋用锚具、夹具和连接器进场检验应符合规范规定。

检查数量：按进场的批次抽样检验。

检验方法：检查产品合格证、出厂检验报告和进场试验报告。

4) 预应力筋的品种、规格、数量必须符合设计要求。

检查数量：全数检查。

检验方法：观察或用钢尺量、检查施工记录。

5) 预应力筋张拉和放张时，混凝土强度必须符合设计规定，设计无规定时，不得低于设计强度的80%。

检查数量：全数检查。

检验方法：检查同条件养护试件试验报告。

6) 预应力筋张拉偏差应符合表6-3和表6-4的规定。

钢丝、钢绞线先张法允许偏差　　　　　　　　表6-3

序号	项目		允许偏差（mm）	检验频率	检验方法
1	镦头钢丝同束长度相对差	束长>20m	L/5000，且≤5	每批抽查2束	用钢尺量
		束长6~20m	L/3000		
		束长<6m	2		
2	张拉应力值		符合设计要求	全数	查张拉记录
3	张拉伸长率		±6%		
4	断丝数		不超过总数的1%		

注：表中L为束长（mm）。

粗钢筋先张法允许偏差　　　　　　　　表6-4

序号	项目	允许偏差（mm）	检验频率	检验方法
1	冷拉钢筋接头在同一平面内的轴线偏位	2，且≤1/10直径	抽查30%	用钢尺量
2	中心偏位	4%短边，且≤5		
3	张拉应力值	符合设计要求	全数	查张拉记录
4	张拉伸长率	±6%		

(2) 一般项目

1) 预应力筋使用前应进行外观质量检查，不得有弯折，表面不得有裂纹、毛刺、机械损伤、氧化铁锈、油污等。

检查数量：全数检查。

检验方法：观察。

2）预应力筋用锚具、夹具和连接器使用前应进行外观质量检查，表面不得有裂纹、机械损伤、锈蚀、油污等。

检查数量：全数检查。

检验方法：观察。

2. 模板质量检验标准

同"项目9——预应力混凝土连续箱梁支架现浇施工"。

3. 预制梁体梁质量检验标准

同"项目8——先简支后连续小箱梁施工"。

4. 钢筋、混凝土的质量检验标准应符合规范规定。

习　　题

1. 填空题

（1）先张法是在预制混凝土构件时，先在_____上将预应力筋张拉到_____，用临时固定，然后支模板浇筑混凝土，待梁体混凝土达到一定的龄期和强度后，并_____，通过_____与混凝土之间的粘结力使混凝土获得有效的预加应力的一种施工方法。

（2）在张拉端和固定端宜采用_____将钢绞线与螺杆连接，避免预应力筋的浪费。

（3）张拉液压系统的高压油管的接头应_____，以防漏油伤人。高压油管在正式使用前作油管检查，保证油管的正常使用。

（4）张拉应以控制应力为主，_____为校核，当实测值与理论计算值相差大于_____时，应_____再继续张拉。

（5）梁体混凝土浇筑完成后，应及时对混凝土进行养护。梁板内箱_____养护；顶面可采用养护；腹板侧面应采用喷淋养护，喷淋系统应具备足够_____，确保_____。养护时间不少于_____d。

2. 选择题

（1）对于长线台座预应力先张法，以下说法错误的是（　　）。

A. 预应力钢筋应在浇筑混凝土之前张拉并固定在台座或钢模上

B. 混凝土须经养护达到要求强度后，才能进行预应力筋的放张

C. 放张预应力筋前，不得拆除构件侧模板

D. 用长线台座制作空心板时，切断顺序宜从放张端开始

（2）张拉台座应具有足够的强度和刚度，其抗倾覆和抗滑移安全系数应分别不小于（　　）。

A. 1.5，1.3　　　B. 1.2，1.5　　　C. 0.5，1.5　　　D. 1.3，1.0

（3）对于钢丝、钢绞线，同一构件内断丝数不得超过钢丝总数的（　　）。

A. 0.5%　　　B. 1%　　　C. 1.5%　　　D. 2%

（4）预应力筋张拉和放张时，混凝土强度必须符合设计规定，设计无规定时，不得低于设计强度的（　　）。

A. 50%　　　B. 70%　　　C. 80%　　　D. 90%

(5) 张拉预应力筋时，按预应力筋的类型，保持一定的持荷时间，其目的是（　　）。

A. 提高预应力筋的强度

B. 减少伸长量

C. 使预应力筋完成部分徐舒，以减少钢丝锚固后的应力损失

D. 避免断丝

3. 简答题

(1) 张拉台座由哪几部分组成？根据承力结构的不同，台座可分为哪几种类型？

(2) 简述预应力筋放张的主要技术要求。

(3) 钢绞线的失效段通常可怎样处理？

(4) 张拉时应注意哪些安全要求？

项 目 实 训

【预应力材料、锚固体系、设备的认识】

1. 实训任务与安排

在实训教师指导下，到校内桥梁预应力实训场，认识预应力材料、锚固体系、设备、张拉台座，了解张拉操作方法，安全要求。

2. 实训内容

(1) 在陈列区分组认识各种预应力材料、锚固体系、板梁钢筋骨架、预应力设备、内模、侧模等。

(2) 张拉区认识张拉台座各组成部分，由实习教师演示张拉操作过程，讲解安全注意事项，并选派同学参与操作。

3. 实训要求

(1) 要求学生能正确识别精轧螺纹钢、预应力钢丝、低松弛预应力钢绞线、无粘结钢绞线、环氧树脂钢绞线等不同类型的预应力筋，并掌握常用的预应力筋力学性能、直径和面积等参数。

(2) 要求学生能识别各种锚固体系，掌握夹片锚锚固体系张拉端和固定端的组成，识别夹片、锚具、连接器、锚垫板、螺旋筋等部件，掌握其功能作用。

(3) 熟悉不同类型张拉千斤顶性能、了解油泵的操作方法。

项目 7　预制梁的架设、安装施工

项目概述

钢筋混凝土构件在混凝土强度达到设计要求后,后张预应力混凝土梁孔道压浆强度达到设计要求后,可用龙门吊机将预制梁从预制场的预制底座上起吊出坑,移到存梁处或转运至现场。预制梁从预制场至施工现场的运输称为场外运输,常用大型平板车、驳船或火车运至桥位现场。预制梁在施工现场内运输称为场内运输,常用龙门轨道运输、平车轨道运输、平板汽车运输,也可采用纵向滚移法运输。根据构件的结构特点、重量、施工环境等因素,预制梁的安装可采用门式吊梁车、起重机、架桥机、浮吊等安装方法。其中用于混凝土梁架设的导梁式架桥机以其结构简单、可靠性高,移动性能好而得到广泛应用,导梁式架桥机是以导梁作为承载移动支架,利用起重装置与移动机具来吊装、运输混凝土预制梁片,将预制梁片吊装到桥梁支座上的专用机械设备,如图 7-1 所示。架桥机结构形式多样,但是如果按照功能来分,架桥机共同具有的结构特征,可以分为主梁、支腿(分前、中、后支腿)、提(运)梁小车、走行系统、横移系统、电控系统和液压系统等。本项目主要学习导梁式架桥机安装预制梁。

图 7-1　双导梁架桥机架梁

项目学习目标

1. 了解双导梁式架桥机基本工作原理,架梁工艺流程。

2. 了解架梁各阶段施工技术要求。
3. 能按质量检验标准进行预制梁进行安装前及安装后的质量检查验收。

7.1 施 工 准 备

1. 技术准备

(1) 认真熟悉图纸，进行现状调查。

(2) 复核预制梁长度、细部尺寸、角度等技术指标，完成安装专项施工技术方案和安全专项施工方案的编制，并经审核批准。

(3) 成立预制梁安装专业施工队伍，对操作人员进行培训，向班组进行技术、安全交底。

(4) 组织施工测量放线。

2. 材料准备

(1) 架桥机轨道铺设所用原材料（石渣、枕木、钢轨等）及其规格、数量等应符合施工组织设计或专项方案规定。

(2) 预制梁吊装前必须验收合格；混凝土预制梁的几何尺寸、混凝土强度应符合设计要求。预制梁应按专项方案规定的吊装顺序编号。

3. 施工机具与设备

(1) 安装架设前，应组织有关专业人员对架桥机、吊装钢索、吊扣、滑车、电机、千斤顶等进行鉴定。检查卷扬机绳索的牵引方向、校对卷扬机牵引力及滑轮组的穿索方式、检验卷扬机的摩擦制动器。

(2) 运梁车辆应根据预制梁长度、重量及几何尺寸以及运输线路现况条件选用，其载重能力及技术性能必须满足运输预制梁的要求，如图 7-2 所示。

图 7-2 运梁平车

施工前应保证预制梁制造完成，对预制梁的强度、规格、尺寸、质量进行验收并应符合设计要求。墩台已经施工完成并达到承载要求，垫石、支座经验收，高程、平整度等指标符合要求。

7.2 施工操作工艺

1. 工艺流程

预制梁安装的施工流程为：

测量放样→支座安装→轨道铺设→架桥机组装、试运行→运梁车运梁到场→喂梁、试吊→纵向移动→带梁横移→落梁及固定→移机、重复其余孔架梁，如图 7-3 所示。

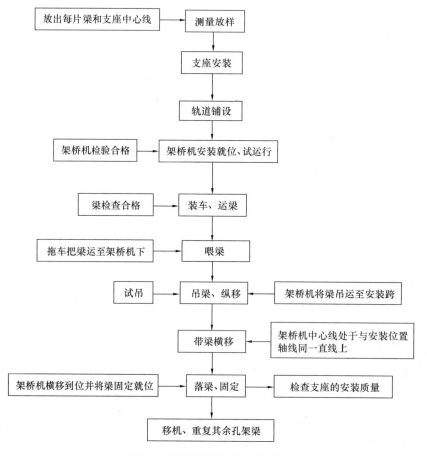

图 7-3 预制梁安装施工流程图

2. 施工操作方法与技术要求

（1）测量放样

放出每片梁和支座中心线。

（2）支座安装

支座安装前按设计要求及国家现行标准有关规定对产品进行确认；安装前对桥台和墩柱盖梁轴线、高程及支座面平整度等进行再次复核；将垫石处清理干净，高程超限的应在垫石顶凿毛清理，用干硬性水泥砂浆将支承面缺陷修补找平，并使其顶面标高符合设计要求。将设计支座中心点按轴线与法线方向制成十字线，分别标注在垫石及支座上，橡胶支座准确安放在支承垫石上，要求支座中心十字线与垫石中心十字线相重合。在墩台上放出支座控制标高。

(3) 轨道铺设

1) 运梁轨道钢轨内、外侧用道钉固定在枕木上，中支腿轨道铺设要求钢轨接头平顺，轨距正确，支垫平稳牢固；两条横向轨道间距尺寸严格控制平行。

2) 前、中支腿的横向运行轨道铺设必须保持水平，并严格控制间距，两条轨道必须平行。架桥机行走前，检查轨道铺设情况，轨距误差小于2mm，相邻轨道接头高差不大于1mm，轨道用道钉固定在枕木上，限位块安装牢固。架桥机工作状态，必须安装轨道两头的挡块和限位开关，并随时检查开关是否正常。

3) 盖梁（或台帽）上枕木根据桥梁横坡调整，保证钢轨横坡小于0.5%，枕木垛搭设据具体情况确定，要求稳固可靠，枕木间距宜小于300mm。

(4) 架桥机安装、试运行

组装架桥机应按设计使用说明书及出厂使用说明书进行规范拼装。架桥机完成组装后应按规定进行静、动载试验和试运行，合格后方可进行架梁。

(5) 架桥机空载纵向、横向前移就位

1) 先把两台运梁平车开到架桥机后部，前起吊天车把前运梁平车吊起作为配重，后运梁平车和主梁连接牢固。利用中支腿上的驱动构件及后运梁平车的动力，驱动架桥机主梁前移至导梁前支腿就位于前墩帽上，通过导梁前支腿千斤顶，调整导梁和主梁水平。主梁前支腿通过吊挂装置运行至前墩帽预定位置处，下落行走箱及钢轨，调整至要求高度，将前支腿与墩帽连接牢固。

2) 收起导梁前支腿，依靠中支腿上的驱动构件和运梁平车的动力，继续驱动主梁前移至工作位置。然后，将前支腿上部与主梁下弦连接牢固，中支腿下部与主梁下弦连接牢固，此时架桥机完成了主梁的空载前移。

3) 架桥机空载横向试运行；架桥机空载横向全行程移动两次，运行平稳、制动可靠后方可进行下道工序。

(6) 运梁

运梁可采用运梁平车、拖车、轮胎式平板运输车等设备，运梁车载梁经运梁便道进入路基上行驶至架桥机后待架，如图7-4所示。

图7-4 运梁平车运梁

(7) 喂梁及纵向移动

运梁平车前行，进入架桥机后部主梁内。后运梁平车距架桥机后支腿 300mm 时，运梁车停止前进并设止轮器，前起吊天车运行至梁吊点处停车。安装吊具应与前起重吊具连接牢靠。解除梁前端支撑，前起吊天车吊起梁前端，然后同时开动前起吊天车、后运梁平车，两车以不大于 25cm/min 的速度前进。当后运梁平车运行至前运梁平车净距 300mm 时，两车同时停止前进并设止轮器。后起吊平车运行至梁尾端吊点处，安装吊具，并与起吊天车连接牢靠，解除梁后端支撑。后起吊平车吊起梁后端，此时，两起吊平车已将预制梁吊起（如图 7-5 所示）。预制梁吊起后应进行试吊，检查架桥机各部位情况，检查架梁机具设备的可靠性，确认安全后，运梁车退至梁场，准备运送下一片梁。

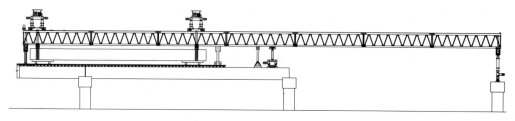

图 7-5 起吊平车吊梁纵移

架桥机移梁
参考视频

(8) 架桥机带梁横移

前、后起吊天车将外边梁纵向运行至前跨位，落梁距支座垫石 50mm 时停止，注意保持梁的稳定；整机带梁横移至距外边梁最近的一片梁的位置，落梁，做好翼缘板处的支撑；改用架桥机边主梁吊架起吊边梁，整机携梁移至外边梁的位置（距落梁位置 150mm）停车。继续横移时用捯链带住梁体，随横移过程同步放松捯链，对于内边梁，直接横移至相对应的位置落梁，如图 7-6 所示。

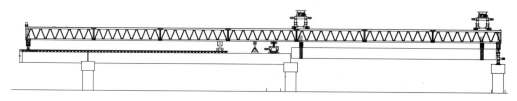

图 7-6 架桥机带梁横移

(9) 落梁及固定

架设内梁，直接落梁就位。架设边梁，横移至指定位置后，在桥墩外侧用捯链拉在梁体的上两端，然后操纵架桥机边梁吊架内的千斤顶松钩，同时逐渐收紧捯链，直到最后边梁落到正确位置。梁安放时必须细致稳妥，就位准确且与支座密贴，不得使支座产生剪切变形。就位不准时，预制梁吊起重放。落梁后，经自检合格及时通知监理验收签收，T 形梁安装后要利用垫木或临时支撑将梁固定，如图 7-7、图 7-8 所示。

(10) 过孔

桥面铺设临时轨道，前后吊梁行车开到架桥机主梁后端，调整中后支腿液压油缸的压力，架桥机自行，如图 7-9 所示。

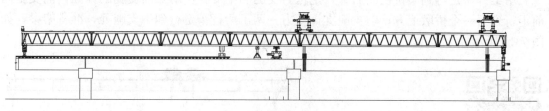

图 7-7 落梁及固定

图 7-8 已安装完成的梁

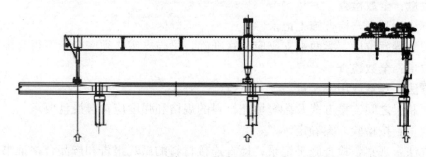

图 7-9 过孔工况 1

架桥机向前自行时，吊梁行车向后退行，后支腿和中支腿走到最终位置，中支腿悬空，通过前支腿横移调整架桥机在曲线上的位置，架桥机主梁前端位于前面桥墩正上方，如图 7-10 所示。

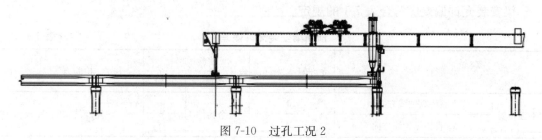

图 7-10 过孔工况 2

吊梁行车走行到架桥机的后部，定位后支腿和中支腿，解除前支腿的锚固；前支腿向前走行到下一个桥墩上方；前支腿支撑受力，两吊梁行车走行到中支腿处，准备架梁，如图 7-11 所示。

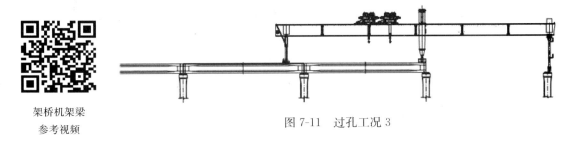

架桥机架梁
参考视频

图 7-11 过孔工况 3

7.3 施工质量检验标准

1. 主控项目

（1）预制梁场内移动或安装时的混凝土强度和预应力混凝土构件的孔道水泥浆砂强度应达到设计规定强度。

检验数量：全部。

检验方法：检查混凝土和水泥砂浆强度检测报告。

（2）预制梁安装前墩台支座垫板必须稳固。

检查数量：全数检查。

检验方法：观察，检查施工记录。

（3）预制梁就位后，梁两端支座应位置准确，梁与支座必须密合，不得有虚空现象。

检查数量：全数检查。

检验方法：观察或用塞尺量。

（4）预制梁之间连接方式及接缝填充材料的规格和强度应符合设计要求。

检查数量：按检验方案确定。

检验方法：观察，检查施工记录；检查连接材料的试验报告和产品合格证书等。

（5）混凝土预制梁安装后构件不得有损坏或裂纹等缺陷。

检验数量：全部。

检验方法：观察。

2. 一般项目

梁安装允许偏差应符合表 7-1 的规定。

预制梁安装允许偏差　　　　表 7-1

项目		允许偏差（mm）	检验频率		检验方法
			范围	点数	
平面位置	顺桥纵轴线方向	10	每个构件	1	用经纬仪测量
	垂直桥纵轴线方向	5		1	

续表

项目		允许偏差（mm）	检验频率		检验方法
			范围	点数	
焊接横隔梁相对位置		10	每处	1	用钢尺量
湿接横隔梁相对位置		20		1	
伸缩缝宽度		+10，-5	每个构件	1	用钢尺量，纵、横各1点
支座板	每块位置	5		2	
	每块边缘高差	1		2	
焊缝长度		不小于设计要求	每处	1	抽查焊缝的10%
相邻两构件支点处顶面高差		10	每个构件	2	用钢尺量
块体拼装立缝宽度		+10，-5		1	
垂直度		1.2%	每孔2片梁	2	用垂线和钢尺量

习　题

1. 填空题

（1）架桥架安装梁的工艺流程为：测量放样→支座安装→轨道铺设→架桥机组装、试运行→运梁车运梁到场→＿＿＿＿＿＿→纵向移动→＿＿＿＿＿＿＿＿→落梁及固定→＿＿＿＿＿＿＿＿＿＿＿。

（2）架桥机结构形式多样，但是如果按照功能来分，架桥机共同具有的结构特征，可以分为＿＿＿＿＿、支腿（分前、中、后支腿）、＿＿＿＿＿＿、＿＿＿＿＿、系统、横移系统、电控系统和液压系统等。

（3）安装前对＿＿＿＿＿＿＿、高程及＿＿＿＿＿＿＿等进行再次复核；将垫石处清理干净，高程超限的应在垫石顶凿毛清理，用干硬性水泥砂浆将支承面缺陷修补找平，并使其顶面标高符合设计要求。

（4）橡胶支座要准确安放在＿＿＿＿＿＿上，要求支座中心十字线与＿＿＿＿＿＿相重合。并在墩台上放出支座控制标高。

（5）前、中支腿的横向运行轨道铺设必须保持水平，并严格控制＿＿＿＿＿＿，2条轨道必须保持＿＿＿＿＿＿。

（6）架桥机空载横向全行程移动2次，运行＿＿＿＿＿＿、制动＿＿＿＿＿＿后方可进行下道工序。

2. 选择题

（1）后张法预应力梁吊运时，其孔道压浆强度应符合设计要求或不低于设计强度的（　　）。
A. 55%　　　　　B. 65%　　　　　C. 75%　　　　　D. 95%

（2）预制梁安装后，平面位置的桥纵轴线方向允许偏差为（　　）。
A. 5mm　　　　　B. 10mm　　　　　C. 20mm　　　　　D. 30mm

（3）预制梁就位后，梁两端支座应位置准确，梁与支座必须密合，不得有虚空现象。检查数量为（　　）。

A. 全部数量的 1/2　B. 全部数量的 1/4　C. 全数检查　　　　D. 不确定

(4) 双导梁架桥机与单导梁架桥机相比，其主要优点是（　　）。

A. 承载能力强，整机稳定性好　　　　B. 自重轻

C. 结构紧凑　　　　　　　　　　　　D. 对曲线、斜交桥架设的适应性好

(5) 架桥机按过孔方式可分为（　　）。

A. 单导梁和双导梁架桥机　　　　　　B. 步履式架桥机和轮胎式架桥机

C. 悬臂式、过孔式和辅助导梁架桥机　D. 龙门吊机与浮吊

3. 简答题

(1) 预制梁的架设安装质量检验标准中的主控项目有哪些？

(2) 安装后梁的垂直度允许偏差和检验要求是什么？

(3) 轨道铺设应满足哪些基本要求？

项　目　实　训

【架桥机架梁现场参观学习】

课后到校外施工现场，由施工技术人员现场讲解架桥机构造，工作原理。观看架桥机架梁全过程，掌握架梁技术要求，以增加对所学知识的感性认识。

项目 8　先简支后连续小箱梁施工

项目概述

20 世纪中后期，随着连续梁桥的发展，为了将简支梁的批量生产和连续梁的优越性结合起来，产生了先简支后连续的施工方法。后张法小箱梁的先简支后连续施工方法就是在场地将小箱梁按单跨长度进行预制，端部预留接头，然后吊装到墩台上，先用临时支座，按简支梁安装就位后，在墩顶预置永久支座，现浇接头混凝土，张拉墩顶承受负弯矩的预应力束筋，然后，拆除临时支座，使预制梁落在永久支座上，将简支体系转化为连续体系，最后浇筑箱梁间接缝混凝土和桥面铺装层混凝土，完成桥梁施工，如图 8-1 所示。

图 8-1　小箱梁施工现场存梁区

小箱梁的先简支、后连续的施工方法，每一联结构体系转换后，属于超静定连续结构。具有桥型美观，整体性、稳定性好，行车平稳，施工工艺简单，施工设备投入少等优点，且运营多年，跨中不易产生较大挠度。其结构尺寸，易于设计成系列化和标准化，有利于在工厂内或工地上广泛采用工业化施工，组织大规模预制生产，并用现代化的起重设备进行安装，降低劳动强度，上下部结构可同时施工，也可分几段流水作业，缩短工期，显著加快建桥速度，克服了一般连续梁桥施工必须采用支架、移动模架或挂篮等，从而造成设备投入多、施工难度相对较大、影响桥下交通等缺点，成本性能比较优异。因此，越来越广泛

小箱梁施工微课

地应用于中等跨度桥梁建设中。

项目学习目标

1. 了解简支—连续体系小箱梁施工总体流程。
2. 掌握小箱梁预制施工流程及技术要求。
3. 掌握小箱梁桥面整体化施工流程及技术要求。
4. 能按质量检验标准进行小箱梁施工质量验收。

8.1 施 工 准 备

1．技术准备

（1）施工人员熟悉施工图纸，调查了解施工现场情况，进行施工图纸的会审。

（2）编制小箱梁预制单项施工组织设计，对施工技术方案进行比较和完善，确定最优方案。制定安全技术措施。

（3）根据施工方案、预制数量、进度等因素进行预制场总体布置规划设计，包括预制场地、箱梁存放场、底座平面位置、龙门轨道及其纵坡、运梁轨道及其纵坡、混凝土运输道路、场地排水、施工用水管线、供电线路规划设计、钢筋加工场、模板加工场、钢绞线下料场规划设计等。

（4）预制底座设计、计算（包括反拱设计）；存梁枕梁设计、计算；模板设计、计算；箱梁起重运输设计、计算；龙门轨道设计、计算等。

（5）项目总工程师要向技术人员进行书面的一级技术交底及安全交底，并在开始施工前由技术人员向班组进行详细的二级技术、安全、操作交底，确保施工过程中的质量及人身安全。

2．材料准备

（1）水泥、石子、砂、钢筋、钢绞线、外加剂等原材料由持证材料人员和试验人员按试验规程进行检测，确保原材料的质量符合质量标准要求。

（2）不同规格的材料应分开堆放；材料堆放场地要进行硬化，场地硬化混凝土厚度能满足施工机械的行驶；不同规格的石子、砂之间设置隔离墙。钢筋、钢绞线存放时高出地面不小于30cm。每种材料都要设置标志标牌来标明材料名称、规格、产地、生产厂家。

3．施工机具与设备

（1）钢筋加工设备

钢筋调直机（智能数控钢筋调直机）、钢筋切断机、钢筋弯曲机（图8-2）、电焊机、钢筋直螺纹套丝机。

（2）模板及其安装设备：外侧模板、端头模板、箱梁内模、防内模上浮横梁、对拉螺杆、螺旋斜撑杆及地锚、龙门吊及捯链等。

（3）混凝土拌合运输设备：混凝土拌合机、混凝土罐车或运输平车。

（4）混凝土浇筑设备：混凝土料斗、附着式振捣器（图8-3）、插入式振捣器（图8-4）。

 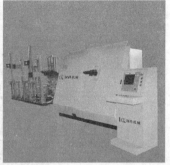

图 8-2　全自动智能数控弯曲机

图 8-3　附着式高频振捣器　　　　　图 8-4　插入式振捣器

（5）吊运设备：龙门吊，如图 8-5 所示、运梁平车，架桥机，如图 8-6 所示。

图 8-5　龙门吊机

（6）预应力设备：千斤顶、油泵或智能张拉仪、油压表、压浆机或智能压浆机、真空压浆机、水泥浆拌和机、卷管机、砂轮切割机、预应力筋穿束机等，如图 8-7～图 8-9 所示。

图 8-6　双导梁架桥机　　　　　　　　　　　图 8-7　智能张拉机

图 8-8　智能真空压浆机　　　　　　　　　　图 8-9　穿束机

施工前应保证：①预制场地已具备"三通一平"，满足施工要求并有防水、排水措施；②材料按需要已分批进场，并经检验合格。③预制底座已按设计要求制作完成并检验合格。

8.2　施工操作工艺

1. 施工工艺流程

总体施工流程：

小箱梁预制──→小箱吊运安装──→桥面整体化施工。

桥面整体化施工包括现浇端（中）横梁湿接缝施工、负弯矩预应力施工与结构体系转换施工。

（1）小箱梁预制施工流程

小箱梁预制施工流程如图 8-10 所示。

（2）端（中）横梁、湿接缝及负弯矩预应力施工流程，如图 8-11 所示。

2. 施工操作方法与技术要求

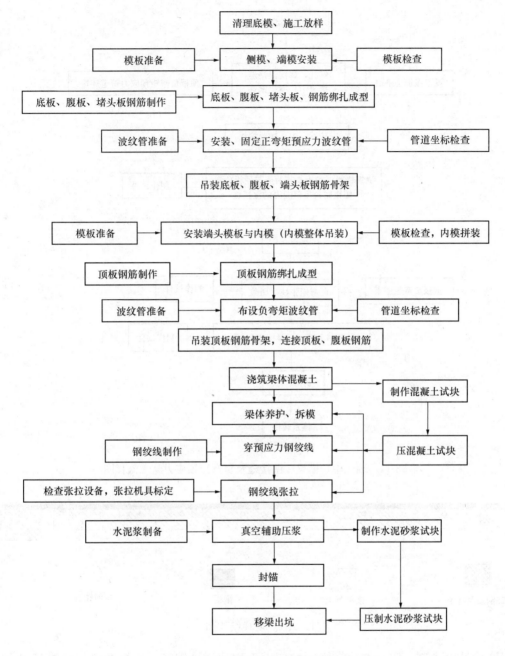

图 8-10 小箱梁预制施工流程

(1) 小箱梁预制施工

1) 清理底模、施工放样

① 小箱梁底模采用混凝土浇筑,保证坚固不沉陷,表面收光,上面覆 6~8mm 钢板,如图 8-12 和图 8-13 所示。

施工时,底模应清理干净,表面无混凝土残存物,且线形平顺、表面平整。测量底板梁长,调整楔形块位置,底模平整度纵向用水准仪复测。

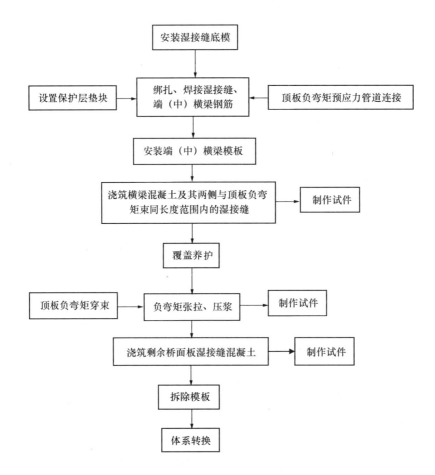

图 8-11 端（中）横梁、湿接缝及负弯矩预应力施工流程图

图 8-12 底模结构图

② 涂抹隔离剂：隔离剂涂抹必须均匀，无积油污染钢筋。底模两侧与侧模接触面安装直径不小于3cm的软塑料管，塑料管与底模顶面平行，接缝平整，防止漏浆。经自检合格后进行外侧模安装施工。

2）外侧模安装

① 清理侧模表面浮浆，每块模板安装之前均应打磨验收，以防脱模后混凝土表面出现锈斑、蜂窝、麻面等质量问题。

② 模板安装接缝平顺、严密，无错台，模内长、宽、高尺寸符合设计图纸及施工规范的要求，侧模通过台座基础预留孔中的拉杆进行对拉，保证与底模的紧密连接。对拉螺

图 8-13 制作完成的底模

杆应齐全、拉紧，支撑稳固。

③ 横隔板位置准确，侧模与底模之间，侧模与侧模之间接缝不严密处用透明玻璃胶填补，确保模板接缝不漏浆。隔离剂涂抹均匀，无积油以免污染钢筋。经自检、抽检合格后进行下道工序施工，如图 8-14 所示。

图 8-14 外侧模板安装检查

3) 钢筋骨架绑扎及安装

① 钢筋骨架绑扎

A. 钢筋骨架绑扎按标准化施工工艺在钢筋绑扎胎具上进行，胎具采用角钢与槽钢制作，如图 8-15 所示。

底板钢筋根据设计图纸，箱梁的纵横向水平筋等的分布位置，在角钢上相应位置处准确刻槽（宽度比设计钢筋直径大 5mm，深度为钢筋直径的 1/2）；腹板钢筋采用在钢管上焊接钢筋头的形式布置纵向水平筋，来精确定位钢筋的相对位置，确保主骨架现场绑扎安

图 8-15 底板、腹板钢筋绑扎胎具

装间距误差可控,如图 8-16 所示。

图 8-16 采用钢筋胎具绑扎的底板、腹板钢筋骨架

顶板钢筋绑扎胎具角钢上,根据箱梁顶板钢筋间距使用车床技术准确刻槽,确保钢筋间距的准确性,如图 8-17 所示。

B. 钢筋采用在加工场地集中加工,现场拼装的原则进行。

C. 钢筋使用前应清除其表面灰尘、锈皮及杂物,并列出钢筋表及弯曲图报监理工程师批准,钢筋在使用前按规定进行各项性能试验。钢筋下料和弯曲成型,均应符合设计要求,各部分钢筋尺寸须严格控制施工误差。

D. 钢筋的焊接长度和焊缝宽度、深度应符合要求。钢筋接头采用搭接电弧焊时,应使两接合钢筋轴线一致。双面接头焊缝的长度不应小于 $5d$,单面焊缝的长度不应小于 $10d$(d 为钢筋直径)。

E. 在钢筋与模板之间安放专业厂家生产的塑料保护层垫块,采用与梁体同强度等级

图 8-17 顶板钢筋绑扎胎具

穿心式圆形混凝土垫块（图 8-18），穿在纵向水平筋上，能够自由活动。垫块应分散布置、相互错开，不得横贯保护层的全部截面。垫块应与钢筋扎紧，并互相错开。非焊接钢筋骨架的多层钢筋之间，应用短钢筋支垫，保证位置准确。钢筋混凝土保护层厚度应符合设计要求。

图 8-18 穿心式圆形混凝土垫块

F. 钢筋安装绑扎要控制位置，保证牢固，采用镀锌钢丝，所有的相交点均应全部绑扎。

腹板钢筋扎丝绑扎时，由于扎丝头外露会锈蚀，并且影响保护层检测，因此扎丝统一内扎，即钢筋工统一在腹板内绑扎外侧的扎丝，避免扎丝头外露，并且不得有变形或松脱现象，如图 8-19 所示。

G. 锚垫板下钢筋较密，当钢筋间互相干扰时，适当调整次要钢筋位置。

② 预应力管道安装定位

A. 波纹管安装时,应严格按照管道坐标位置进行控制、定位,并保持平顺线型。

B. 管道定位时,在胎具上按每米设置1根定位钢筋(图8-20),钢筋上按坐标位置焊接1根钢筋来确定波纹管的定位,严格按照设计给定的坐标将波纹管用"U"形定位筋进行固定,曲线段每50cm一道,直线段每80cm一道。

图8-19 扎丝绑扎

图8-20 波纹管的安装及定位钢筋

C. 对波纹管接头处,用长为30cm左右直径大一级的波纹管为套管,并用塑料胶布将接口缠裹严密,防止接口松动拉脱或漏浆。

D. 由于金属波纹管长期外露容易锈蚀及损坏,负弯矩波纹管建议采用塑料波纹管。

E. 穿波纹管前,检查波纹管径向承压力是否符合设计要求,浇筑混凝土前用直径相适宜的塑料管内衬穿入波纹管中,以防止混凝土或振捣棒将波纹管挤压变形。抽拔管的时间根据试验确定,以混凝土抗压强度达到0.4~0.8MPa时为宜,抽拔时不得损伤结构混凝土。抽拔后用空压机清孔,如发现孔道堵塞或有残留物时应及时处理。

F. 锚垫板的位置应符合设计要求,并连同锚固钢筋、加强钢筋、螺旋钢筋可靠地固定在箱梁两端的模板和钢筋网上,特别是锚垫板应与端模紧密贴合,不得平移或转动。

G. 波纹管应线形平顺,在锚垫板处,沿波纹管切线方向与锚板平面保持垂直状态。

③ 钢筋骨架的安装采用钢筋吊架分别对底腹板和顶板钢筋进行整体吊装安装。吊架采用钢管焊接成型,在吊架纵向承重钢管上设置相同的吊环。钢筋骨架整体吊装应防止因吊装使钢筋骨架产生变形,保证骨架整体完整性,如图8-21所示。

4)内模拼装及安装

小箱梁内模板由模板和支撑两部分组成,由标准组合钢模板、拆卸平面模板和异形角模板拼装而成,如图8-22所示。底板与腹板平直部分由标准组合钢模板拼装而成,顶板平直部分为拆卸平面模板,底板与腹板、顶板与腹板交角(倒角)部分配异形角模板。

① 按照内模模板编号及内模骨架编号在场外拼装内模,所有模板之间均按照设计的螺栓孔用螺丝相互连接,不得少丝,不得放大螺丝间距。

② 内支撑采用角钢焊接成闭合框架,轮廓与箱梁内腔轮廓一致,外形尺寸恰好能撑住拼装成型的内模板为准,内支撑在模板内以0.8~1.0m间距分布。

③ 内模拼装完成后检查其尺寸必须符合设计图纸及规范要求,以保证箱梁底板及顶

图 8-21 底板、腹板钢筋骨架的吊装

板混凝土厚度。内模接缝平顺,清除模板表面混凝土浮浆;模板接缝处用胶带密封,以防漏浆;然后涂抹隔离剂,隔离剂涂抹应均匀,不得有积油现象(图 8-23 和图 8-24)。

④ 安装内模:用龙门起吊安装内模;安装内模前要清理、冲洗底模及侧模表面的灰尘及杂物,同时设立支撑内模钢筋,以保证底板混凝土及其保护层厚度。

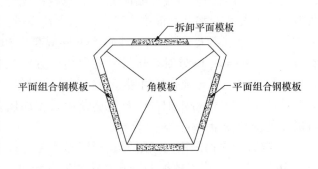

图 8-22 内模加工示意图

图 8-23 内模修整架

图 8-24 整修完成后的内模

5)浇筑箱梁混凝土

① 混凝土入模可采用罐车运输,龙门吊吊料斗均匀布料,按底板、腹板和顶板的顺

序一次性浇筑,如图 8-25 所示。

图 8-25 混凝土浇筑

② 浇筑方向是从一端开始向另一端浇筑;先浇筑底板混凝土,然后浇筑腹板、横隔板及顶板混凝土,如此向前推进至混凝土浇筑完成。浇筑腹板混凝土时应纵向分段、水平分层,每层厚度不大于 30cm。并确保下层混凝土初凝或能重塑前浇筑完成上层混凝土。在浇筑距一端 4~5m 处时,从另一端向相反方向投料。防止水泥浆聚集到梁端造成梁体强度不均匀,从而导致张拉时锚垫板拉裂或将锚垫板压缩变形。

③ 严格控制混凝土配合比及其坍落度,不能满足施工要求的混凝土不得使用,确保混凝土的浇筑质量。

④ 混凝土振捣采用高频附着式振捣器为主、插入式振捣器为辅相互结合的方法(图 8-37 和图 8-38)。附着式振捣器开动的数量以浇筑混凝土长度为准,不空振模板;插入式振捣器,移动间距不应超过振捣作用半径的 1.5 倍;振捣棒与侧模应保持 50~100mm 的距离;振捣棒采取快插慢拔的方式进行振捣;振捣时避免振捣棒碰撞模板、钢筋及其他预埋件。

⑤ 两侧腹板混凝土的下料和振捣须对称、同步进行以避免内模偏位。灌注翼板混凝土时,用插入式振动器振捣,随振随将混凝土面平整。

⑥ 箱梁的两端钢筋较密,腹板内在有预应力管道的地方空隙较小,混凝土不易下落,振捣也有困难,可用 2.5cm 或 2cm 插入式振捣棒边下料、边振捣。使钢筋密集处和预应力管道处填满混凝土,然后通过高频附着式振捣器振捣密实。

⑦ 混凝土振捣密实的标志是混凝土面停止下沉,不再冒出气泡,表面开始出现平坦泛浆。此后,应停止振捣,避免混凝土过度振捣发生离析,影响浇筑质量。

⑧ 在混凝土浇筑过程中应安排专人负责检查,如出现模版、钢筋、波纹管松动、变形、位移等问题应及时进行处理。

⑨ 混凝土的浇筑应连续进行,不得任意中断。在梁体混凝土浇筑过程中留有足够混凝土试件,至少两组采取与梁体同条件养护,并以该试件强度决定张拉时间。

⑩ 混凝土浇筑完成后对梁板混凝土面进行收浆、抹面、拉毛处理。当梁体顶板混凝

土振捣完成后及时用抹子进行抹平,采用水平尺量测,保证梁顶混凝土面的平整度及横坡度;顶板混凝土初凝后、终凝前,使用钢刷进行刷毛,将梁顶的浮浆刷掉、清扫并用洁净水冲刷干净。

6) 拆除模板

① 梁体混凝土带模养护强度达到 2.5MPa 时,用人工配合龙门吊进行模板拆除。

② 内模通过连接螺旋杆拆卸,采用龙门吊配合卷扬机的方式拖拉出箱,如图 8-26 所示。

外模则通过龙门吊分节拆除,应两侧同步进行,先拆除上下拉杆和接缝螺栓,用千斤顶顶紧之后松掉可调丝杆,千斤顶同步下降并辅以电动葫芦,逐步拆除,如图 8-27 所示。

图 8-26 内模拆卸

图 8-27 外侧模拆除

③ 拆模时严防碰撞梁体,并采取支撑措施,以免梁体倾倒。

④ 当外模拆除完,方可拆除端模板,应用电动葫芦辅助拆除,避免破坏梁端混凝土面。

7) 预应力施工

先简支后连续小箱梁分两阶段施加预应力,预制阶段仅对承受正弯矩的预应力筋进行张拉。

① 钢绞线下料。

钢绞线的下料长度根据设计图纸计算确定,计算时应考虑孔道长度、工作长度等,下料,钢绞线的切断宜采用砂轮割片,保证切口平整,线头不散,严禁使用电弧切割,以免造成钢绞线脆变。

箱梁混凝土强度达到设计强度 85% 以上,可进行钢绞线穿束,穿束前应检查锚垫板和孔道,锚垫板应位置准确,清洗预应力筋孔道,用空压机将孔道冲洗干净,清除孔道口及锚板的水泥浆和杂物。每束钢绞线两端,根据钢束的根数进行编束,穿锚具时同一束钢绞线在相同的位置,防止钢绞线在管道内交缠在一起,减少预应力的损失编束以避免钢绞线没有理顺、交叉和扭曲,张拉时受力不均而产生断裂。人工穿束时两侧工人用力要均匀一致,保证钢绞线顺直。钢绞线穿好后,上好锚具以备张拉。

② 安装锚具。

按照不同型号的束道,安装同型号的锚具,锚具和夹片要同时安装,锚具要对准中心,夹片要平顺,不能歪斜。锚具与锚垫板中心螺纹圈基本保持贴近状态,确保钢绞线垂直于锚具及锚垫板。

③ 安装千斤顶、油泵。

安装前必须做好千斤顶和压力表的校验及与张拉吨位相应的油压表。

读数和钢丝伸长量的计算，对千斤顶和油泵进行全面检查，保证各部分不漏油，并能正常使用。在使用过程中，如出现异常情况，张拉设备必须进行重新标定。安装时，先装限位板，然后装千斤顶，然后将油泵和千斤顶连通起来。安装完毕后，应使锚垫板、锚板、千斤顶三中心应在一条直线上，如图8-28所示。

图 8-28 千斤顶安装

④ 预应力张拉。

A. 混凝土强度、弹性模量（或龄期）达到设计要求后即可进行张拉。张拉开始前，所有钢绞线在张拉点间应能自由移动。张拉时，按设计要求的顺序对称进行。

B. 采用张拉力和伸长量双控。智能数控张拉系统传感器实时自动采集钢绞线伸长数据，反馈到计算机，自动计算伸长量并及时进行校核，与张拉同步控制。张拉过程中张拉力和张拉伸长量的实时监控，可大幅度提高施工的智能化、可靠性及安全性，如图8-29所示。

C. 张拉程序应符合设计要求，对低松弛钢绞线的一般程序张拉程序为：

$0 \rightarrow 10\%\sigma_{con} \rightarrow 20\%\sigma_{con} \rightarrow 100\%\sigma_{con}$（持荷5min锚固）。

达到控制应力后持荷5min，以消除夹片锚固回缩时的预应力损失，然后锚固并观测回缩量。

D. 要求计算伸长量与实测伸长量之间的误差在±6%以内。理论伸长量计算，其应力控制须符合设计规定，如预应力筋的实测伸长量与计算值之差超过6%，必须分析原因，可重新校验千斤顶和测定预应力筋的弹性模量。

E. 预应力张拉注意事项：

a. 预应力张拉操作前，周围应设置明显的警戒标志，并设专人监督现场安全，张拉作业无关人员严禁进入张拉现场。张拉过程中，台座两端两外侧45°夹角辐射的扇面区不得站人，张拉和锚固操作人员必须站在侧面作业，以防预应力钢绞线拉断或锚具弹出

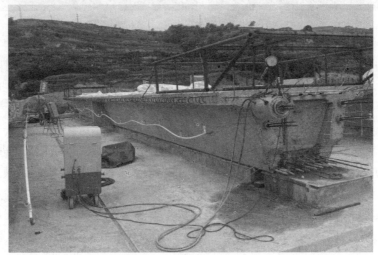

图 8-29 智能张拉系统

伤人。

b. 智能张拉泵站进、回油的速度、压力升降、各传感器读数应平稳、均匀一致。经常检查安全阀，确保其灵敏可靠。

c. 张拉施工时，应保证电网电压正常稳定，设备附近（30m 内）无强的磁场干扰源。

d. 张拉施工时，每台智能数控张拉泵站应派专人值守。张拉操作中若出现异常现象（如油压或位移显示数值无规律剧烈变化、发生漏油、电机声音异常、发生断丝、滑丝等），应立即停止张拉并报告张拉操作员，待问题排除后方可继续张拉施工。

⑤ 孔道压浆。

A. 预应力筋张拉锚固后，孔道应尽早压浆，且应在 48h 内完成。

B. 压浆前用压力水冲洗湿润孔道，并用空压机吹除孔内积水。从下至上进行压浆（比较集中和邻近的孔道，先连续压浆完成，以免串到邻近孔后水泥浆凝固，堵塞孔道）。

C. 压浆工艺采用智能循环压浆系统，真空辅助压浆，如图 8-30 所示。采用专用压浆料或专用压浆剂配制的浆液进行孔道压浆，按照产品说明书标注的水胶比等指标精确配制压浆浆液，各种材料的称量精度控制在 ±1% 以内。配制完成的浆液各项性能指标，均应满足相应施工技术规范中"后张预应力孔道压浆浆液性能指标"的要求。

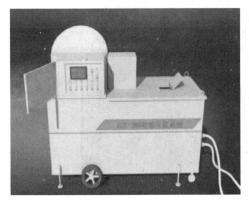 

图 8-30 智能真空压浆机

D. 浆液自拌制完成至压入孔道的延续时间不宜超过 40min,且在使用前和压注过程中应连续搅拌,对因延迟使用所致流动度降低的水泥浆,不得通过额外加水增加其流动度。

E. 真空泵应达到 0.1MPa 的负压力,使孔道内的真空度达到 -0.10~-0.06MPa 范围内。孔道真空度稳定后,立即开启孔道压浆端的阀门,同时启动压浆泵进行连续压浆。压浆的充盈度应达到孔道另一端饱满且排气孔排出与规定流动度相同的浆液为止;关闭出浆口后,保持不小于 0.5MPa 的稳压期,持压时间为 3~5min。

F. 压浆浆液的温度不宜超过 25℃。当白天温度高于 35℃时,压浆应安排在夜间低温时段进行;压浆过程及压浆后 48h 内气温低于 5℃时,在无可靠保温措施下禁止压浆作业。

G. 每个压浆作业工作班应制作留取 3 组尺寸为 40mm×40m×160mm 的试件,标准养护 28d,进行抗压强度和抗折强度试验,作为质量评定的依据。

⑥ 封锚。

压浆完成后,应及时将梁端浆液清理干净,同时清除支承垫板、锚具表面的混凝土污垢,并按设计要求对锚固端进行封闭保护。

8)移梁

箱梁张拉、压浆(水泥浆达到一定强度)、封锚后,在水泥浆达到设计规定强度后,可开始移梁,设计未规定时,不应低于砂浆设计强度的 75%。移梁时,每个梁上需用油漆标注编号、日期,标注位置不能暴露于结构物外露面。

(2)端(中)横梁、湿接缝施工与负弯矩预应力施工及结构体系转换

1)端(中)横梁、湿接缝施工

① 湿接缝的环形钢筋应封闭焊接成环,焊接部位宜设置在顶面。

② 湿接头底模的设置应考虑拆除方便,模板底部宜采用可调节螺杆或吊模等支撑方式。

③ 浇筑端(中)横梁、湿接缝混凝土时,应严格按设计要求的浇筑顺序进行,以尽可能减小温度变化对混凝土凝结的影响为原则。设计未规定时,一般对 4 跨一联的,首先对称浇筑两边的湿接头,再浇筑中间的一道湿接头;对 5 跨一联的,首先对称浇筑两边的

湿接头，再顺序浇筑中间两道湿接头；桥面板湿接缝先沿顺桥方向对称浇筑与负弯矩等长范围内桥面板湿接缝。待混凝土强度达85%以上时，张拉该段负弯矩预应力束，再依序施工下一湿接头、湿接缝。全联施工完毕后，再浇筑剩余部分桥面板湿接缝混凝土，该部分浇筑时，由跨中开始向两端对称进行。

④ 端（中）横梁、湿接缝应按设计对浇筑温度的要求选择浇筑时段，一般应在日温较低的时段进行，混凝土宜采用收缩补偿混凝土。

2) 负弯矩预应力施工与体系转换

① 负弯矩预应力施工前应做好孔道封口保护。

② 在浇筑横隔梁连续接头前将两片预制箱梁相对应的扁波纹管系相连接，连接时，波纹管应顺直，用胶带纸缠好接头，防止混凝土浇筑时进入水泥浆。并根据设计坐标用定位钢筋固定在钢筋骨架上，如图8-31和图8-32所示。

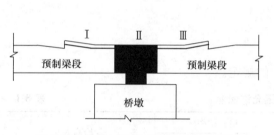

图8-31 负弯矩预应力筋波纹管示意图

图8-32 梁端纹管的整理与连接

③ 在梁端连接段混凝土强度达到设计要求后，方可穿束进行负弯矩预应力施工，穿束前应对预留孔道用通孔器或其他可靠方法进行检查。

④ 顶板钢束的张拉由每联的两侧向中间进行，预应力筋的张拉顺序应符合设计要求，设计未规定时，可按先张拉短束、后张拉长束的顺序进行。张拉应在混凝土的强度和弹性模量达到设计值的80%以上时进行。

⑤ 张拉负弯矩钢束时严禁随意切断张拉槽口处的纵、横向钢筋。

⑥ 预应力孔道压浆应按规定执行。

⑦ 锚具和垫板接触处的混凝土残渣等应清除干净，方可浇筑封端混凝土。

3) 结构体转换

① 永久支座顶面直接与接头混凝土底部浇筑在一起，临时支座可采用硫磺砂浆制成，硫磺砂浆内埋入电热丝，临时支座顶面标高应与永久支座顶面标高相平齐。体系转换时采用电热法解除临时支座。

小箱梁施工工艺
参考视频1

② 应按设计规定的顺序拆除临时支座，更换永久支座，完成体系转换；当设计未规定时，一般应由一联的两端向中部对称进行。

小箱梁施工工艺
参考视频2

8.3 施工质量检验标准

1. 模板质量检验标准

模板质量检验标准应遵守《城市桥梁工程施工与质量验收规范》CJJ 2—2008 中相应部分的有关规定。

2. 预制梁体梁质量检验标准

(1) 主控项目

1) 结构表面不得出现超过设计和规范规定的受力裂缝。

检查数量：全数检查。

检验方法：观察或用读数放大镜观测。

2) 安装时结构强度及预应力孔道砂浆强度必须符合设计要求，设计未要求时，必须达到设计强度的75%以上。

检查数量：全数检查。

检验方法：检验试件强度试验报告。

(2) 一般项目

1) 预制箱梁偏差应符合下表（表8-1）的规定。

预制箱梁允许偏差　　　　表 8-1

序号	项　目		允许偏差（mm）	检验频率		检验方法
				范围	点数	
1	断面尺寸	宽	0, −10	每个构件	5	用钢尺量，端部、$L/4$处和中间各1点
		高	±5		5	
		顶、底、腹板厚	±5		5	
2	长度		0, −10		4	用钢尺量，两侧上、下各1点
3	侧向弯曲		$L/1000$且≤10		2	沿构件全长拉线，用钢尺量，左右各1点
4	对角线长度差		15		1	用钢尺量
5	平整度		2		2	用2m直尺、塞尺量

注：表中 L 为构件长度（mm）。

2) 混凝土表面应无空洞、露筋、蜂窝、麻面和宽度超过 0.15mm 的裂缝收缩等现象。

检查数量：全数检查。

检查方法：观察、读数放大镜观测。

(3) 钢筋、混凝土的质量检验标准。

钢筋、混凝土的质量检验标准应遵守《城市桥梁工程施工与质量验收规范》CJJ 2—2008 中相应部分的有关规定。

(4) 预应力混凝土的质量检验标准。

见"项目9　预应力混凝土连续箱梁支架现浇施工"

习 题

1. 填空题

（1）钢筋接头采用搭接电弧焊时，应使两接合钢筋的_____一致，双面接头焊缝的长度不应小于_____，面焊缝的长度不应小于_____。

（2）波纹管安装时，应严格按照_____进行控制、定位，并保持平顺线型。锚垫板下钢筋较密，当钢筋间互相干扰时，应适当调整_____位置。

（3）箱梁浇筑方向是从一端开始向另一端浇筑；先浇筑_____，然后浇筑_____、横隔板及_____混凝土。浇筑腹板混凝土时应纵向_____、水平_____，每层厚度不大于_____，并确保下层混凝土_____，浇筑完成上层混凝土。

（4）压浆时，浆液自拌制完成至压入孔道的延续时间不宜超过_____，且在使用前和压注过程中应保持_____状态。

2. 选择题

（1）先简支后连续小箱梁预制阶段张拉的预应力筋是（　　）。
A. 仅承负弯矩的预应力筋
B. 仅承受正弯矩的预应力筋
C. 承受负弯矩的预应力筋和承受正弯矩的预应力筋
D. 既不承受负弯矩又不承受的正弯矩的预应力筋

（2）真空压浆时，真空泵应达到 0.1MPa 的负压力，使孔道内的真空度稳定在（　　）范围内
A. －0.01～－0.02MPa　　　　　　B. －0.01～－0.03MPa
C. －0.02～－0.05MPa　　　　　　D. －0.06～－0.1MPa

（3）箱梁张拉、压浆、封锚后，在水泥浆达到设计规定强度后，可开始移梁，设计未规定时，不应低于设计强度的（　　）。
A. 65%　　　　　　　　　　　　B. 70%
C. 75%　　　　　　　　　　　　D. 95%

（4）钢绞线的切断宜采用的切割方式为（　　）。
A. 加强型砂轮割片　　　　　　　B. 电弧切割
C. 气割　　　　　　　　　　　　D. 等离子切割

（5）梁体养护拆模的下一道工序应是（　　）。
A. 吊装顶板钢筋骨架　　　　　　B. 钢绞线张拉
C. 真空辅助压浆　　　　　　　　D. 穿钢绞线

3. 简答题

（1）钢绞线下料长度应主要考虑什么因素？
（2）使用插入式振捣器振捣时应注意哪些操作要求？
（3）怎样从外观判断被振捣的混凝土已达到密实状态？
（4）低松弛预应力钢绞线采用夹片锚的张拉程序是什么？

项　目　实　训

【后张法预应力张拉实训】

1. 任务与安排

(1) 分组，根据给定的设计张拉控制应力 σ_{con} 进行张拉数值的计算。

1) 张拉设计值：

设计张拉力值：$F = 100\% \times \sigma_{con} \times A_P$

理论伸长值：$\Delta l = F \cdot l / A_P \cdot E_S$

2) 初张拉：

张拉力值：$F_{初} = 0.1 \times \sigma_{con} \times A_p$

3) 安装张拉：

张拉力值：$F_{超} = 1.03 \times \sigma_{con} \times A_p$

(2) 根据计算出的张拉数值，按操作要求对实训场地中已浇筑完成的预应力梁（以完成钢绞线穿束）进行分组张拉。

(3) 量测张拉数据，填写完成张拉记录表。

2. 工具准备

张拉机具：穿心式液压千斤顶、液压油泵、钢尺、预应力梁、其他辅助设备。

3. 材料准备

预应力钢筋：ϕ15.2mm 的钢绞线；

锚具：夹片式锚具（3片）；

限位板。

4. 操作步骤

(1) 锚具的安装：将钢绞线穿过锚板，安装夹片，并使夹片夹紧钢绞线，并安装限位板。

(2) 液压千斤顶及油泵的安装：选用合适功率的穿心式液压千斤顶，将钢绞线穿过千斤顶，千斤顶顶住限位板。

(3) 初张拉：用10%的控制张拉应力对钢绞线进行初张拉，用钢尺测量伸长值，记录油泵油压表读数。

(4) 安装张拉：用103%的控制张拉压力对钢绞线进行超张拉，用钢尺测量伸长值，记录油泵油压表读数。

(5) 卸荷回油：油泵缓慢卸荷，最后回油。

5. 填写张拉记录表（附表5、附表6）

项目9　预应力混凝土连续箱梁支架现浇施工

项目概述

预应力混凝土连续箱梁由于具有整体刚度大、养护成本低等优点，随着桥梁建设的发展，已广泛应用于城市高架桥和大型桥梁的引桥建设中。其施工方法国内主要有支架现浇施工、悬臂施工、移动模架逐孔施工等，支架现浇施工法是施工中最常用的一种方法，该方法是在连续梁桥的一联各跨全部布设支架，在支架上安装模板、钢筋，浇筑混凝土、张拉预应力筋，在一联桥施工完成后，卸落支架，一次形成设计要求的一联连续梁结构。（如图9-1、图9-2）这种方法的主要优点是桥梁整体性较好，施工过程不会产生体系转换。施工简便可靠，不需大型起吊设备，并可采用强大的预应力体系，施工方便；缺点是需要大量的支架和模板，施工工期长，费用相对较高，跨线桥施工期会对交通产生一定影响。支架现浇施工是一种传统的桥梁施工方法，以往多用于桥墩高度较小（20m以下）的中、小跨连续梁桥。近年来随着变宽桥、弯桥、斜桥等复杂预应力混凝土桥梁结构的出现以及标准钢制脚手架、临时钢构件和万能杆件系统的大量应用，也可在中、大桥梁中采用该方法施工。

图9-1　支架现浇法施工现场1

图9-2　支架现浇法施工现场2

项目学习目标

1. 熟悉支架现浇连续梁施工方法，了解基本工艺流程。
2. 掌握现浇连续梁施工操作技术要求。
3. 能按质量检验标准分别对支架模板、预应力混凝土、现浇梁梁体进行质量检查验收。

9.1 施工前的准备工作

1. 技术准备

（1）认真审核设计图纸，编制现浇预应力混凝土连续箱梁施工组织设计，报业主及监理审批。

（2）由项目技术负责人向技术人员进行书面和口头技术交底及安全交底，并由技术人员向班组进行书面技术交底和安全交底。

（3）根据现场的地质水文情况确定地基处理方法，选择合适的支架形式和模板的支撑类型，对支架、模板进行现场验收及受力验算，形成计算书，报监理工程师审批。

（4）施工放线，测定桥梁中心线，并请监理工程师复核签认。

（5）根据设计图纸，计算每束钢绞线的平均张拉力和伸长量及分次张拉控制数据。

2. 材料准备

（1）原材料：水泥、碎石、砂、钢筋、钢绞线、锚具等。由持证材料员和试验员按规定检验或外委试验，确保原材料质量符合相应标准，如图9-3所示。

图9-3 进场的原材料

（2）商品混凝土各项指标应满足设计、施工要求。

3. 施工机具与设备

混凝土连续箱梁支架现浇施工中需要的主要施工机械设备：

（1）地基处理设备：压路机、平地机、灰土拌合机等，如图9-4、图9-5所示。

（2）提升设备：吊车，如图9-6所示。

（3）安全设备：防护网、防落网等。

（4）混凝土施工机具：混凝土运输罐车（图9-7）、混凝土泵车（图9-8）、振捣器等。

（5）钢筋施工机具：钢筋调直机、钢筋弯曲机、钢筋套丝机（图9-9）、电焊机、钢筋断料机等。

图 9-4　重载平地机

图 9-5　双钢轮压路机

图 9-6　吊车

图 9-7　混凝土运输罐车

图 9-8　混凝土泵车

（6）预应力施工设备：张拉千斤顶（图 9-10）、压力表、油泵、净浆搅拌机、压浆机（图 9-11）、卷扬机、砂轮切割机等。

施工前必须保证地基已按要求进行了处理，材料按需要已分批进场并检验合格，所有用于施工的机械设备均已安装调试完成且状况良好。

图 9-9　钢筋直螺纹套丝机

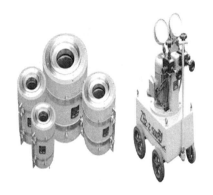

图 9-10　YDC 桥梁穿心式千斤顶及电动油泵

图 9-11　智能压浆台车

9.2　施工操作工艺

1. 施工工艺流程

在施工中，连续箱梁混凝土可分次浇筑（两次浇筑）或一次浇筑成型。两次浇筑，先浇筑底板到肋板的倒角以上，再浇筑肋板上段和顶板。两侧肋板应同时分层浇筑。近年来随着大跨度预应力连续箱梁的应用普及，施工中越来越多采用一次浇筑，它能消除传统施工工艺的施工缝，提高梁体的美观性，增强梁体的整体刚度，施工周期短，延长梁体的耐久性和使用寿命，但对施工要求较高。其施工工艺流程如图 9-12 所示。

2. 施工操作方法及技术要求

（1）测量放线

1）依据设计资料、基准控制桩用全站仪在地基上放出箱梁中心点及纵向轴线控制桩，

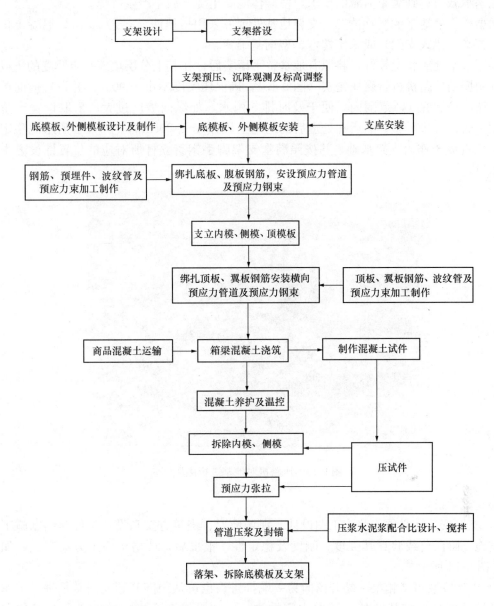

图 9-12 连续箱梁混凝土一次浇筑成型施工工艺流程图

直线梁段控制桩间距以 20m 为宜,曲线梁段控制桩间距不宜大于 5m。

2)按支架施工方案设计的地基处理宽度,用钢尺从控制桩向纵向轴线两侧放出地基边线控制桩。地基四周边线距支架外缘距离不宜小于 500mm。

3)用白灰线标出地基边线控制桩,确定地基处理范围。

4)用水准仪,依据支架施工方案,将地基处理的标高控制线标注在墩台上,墩台间距较大时应适当加密控制桩。

(2)支架地基处理

支架现浇梁施工前,先对施工现场进行场地平整,对搭设支架的场地进行加固处理,确保地基承载力达到满布荷载的要求，使梁体混凝土浇筑后不产生沉降。

根据桥位处地基的实际情况，支架地基处理可采用换填法、（夯）实法、混凝土扩大基础、桩基（梁式支架）或采用枕木、型钢基础等。

如原地基地质状况较好，将原有地基整平压实后，在其上分层填筑一定厚度的土或砂砾，并用振动压路机进行碾压密实（图9-13），确保压实度不小于90%，并设置横向单向横坡，坡度控制在1%范围内，便于及时排除雨水，如纵向坡度过大，采取设置台阶方式，便于底托支垫平整。然后在处理后的地基上施作15～20cm厚的5%石屑水泥稳定层或C20素混凝土作为支架基础，并按照满堂支架脚手钢管立杆所对应的位置铺设方木或5cm木板。

图9-13 压路机对地基进行碾压

（3）支架搭设

1）支架安装前必须依照施工图设计、现场地形、浇筑方案和设备条件等编制施工方案，按施工阶段荷载验算其强度、刚度及稳定性，报批后，严格按施工方案实施，如图9-14、图9-15所示。

2）支架安装可从箱梁一端开始向另一端推进，也可从中间开始向两端推进。工作面不宜开设过多且不宜从两端开始向中间推进，应从纵横两个方向同时进行，以免支架失稳。

3）支架立柱（立杆）应设水平撑和双向斜撑，斜撑的水平角度以45°为宜；由底至顶连续设置。

4）支架搭设严格控制立柱（立杆）垂直度和水平杆水平度，多层支架的立柱应垂直，中心线铅垂一致。

5）支架高度超过其宽度5倍或支架高度超过10m时，应设一组缆风绳，每增高10m再增加一组。

6）碗扣式钢管支架（图9-16）的安装及安全技术措施应符合《建筑施工扣件式钢管脚手架安全技术规范》JGJ 130—2011的规定。

(a)

(b)

图 9-14　支架安装

(4) 底模安装

1) 为使混凝土表面平整、光滑，底模一般采用酚醛覆膜胶合板模板、防水竹胶合板。

模板的楞木采用方木组成，其布置应满足模板强度、刚度要求。

2) 底模安装前要复核支架顶标高，须同时考虑支架的预留拱度的设置调整、加载预压试验及支座板的安装要求，如图 9-17 所示。

3) 现浇梁的支座按设计位置安放好后，四周用砂桶将底模支起使底模内面与支座顶面同高，拆模时先放砂桶，底模自然下落与梁脱开，梁体则完全支撑在支座上。

(5) 支架预压及沉降观测

支架和模板安装后，宜采用预压方法消除拼装间隙和地基沉降等非弹

支架安装参考视频
（微课）（密码：
1718）

支架安装参考视频
（密码：1718）

支架顶部方木安
装参考视频
（密码：1718）

图 9-15　搭设完成后的支架

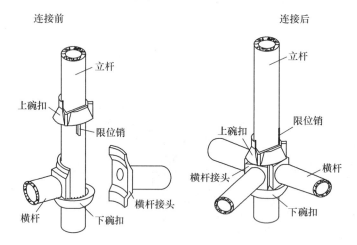

图 9-16　碗扣式钢管支架结构图

图 9-17　底模安装

性变形，并取得弹性变形的相关参数以设计预留拱度，如图 9-18 所示。

图 9-18　砂袋预压

1）支架预压采用满铺砂袋的方法进行，施荷可用砂袋装土或砂等材料，加载时使用汽车吊吊装人工配合，堆放时注意砂袋不得将沉降将观测点覆盖。加载时按设计要求分级进行，每级持荷时间不少于 10min。

2）预压应按设计进行（一般为超载预压），设计未规定时，预压荷载不小于结构自重。

3）加载顺序为从支座向跨中依次进行。满载后持荷时间不小于 24h，分别量测各级荷载下支架的变形值。然后再逐级卸载，当支架的沉降量偏差较大时，要及时对支架进行调整。

（6）侧模、翼模、内模及端模安装

1）支架预压完成后，准确调整支架和底模高程，并在底模上进行箱梁线形放样。

2）侧模及翼板模板吊装到位后，与底模板的相对位置对准，用顶压杆调整好侧模垂直度，并与端模连接好。侧模安装完后，用螺栓连接牢固，并上好全部拉杆。调整其他紧固件后检查整体模板的长、宽、高尺寸及平整度等，并做好记录。

3）内芯模施工程序：焊接钢筋立杆→支组合底侧模板→连接纵横排架钢管扣件→安装顶板方木→模板铺设。

当内模为拼装式结构时，可采用吊装方式安装内模。

4）端模安装：将波纹管逐根插入端模各自对应的孔内，并检查是否处于设计位置，端模安装要做到位置准确，连接紧密，与侧模、底模接缝密贴且不漏浆。

（7）底板、腹板、横梁钢筋加工及绑扎，如图 9-19、图 9-20 所示。

1）钢筋绑扎程序及方法

① 在模板上标出底板下层纵横向钢筋准确位置。

② 搬运钢筋逐根就位，并对所有交叉点进行绑扎。

③ 安装底板保护层垫块。

④ 起吊横隔梁及腹板钢筋骨架后准确就位，并与底板钢筋绑扎或焊接成型，安装侧模保护层垫块。

⑤ 将底板上层钢筋逐根就位并对所有交叉点进行绑扎，并将其与横隔梁及腹板钢筋

图 9-19 底板、腹板、横梁钢筋绑扎 1

图 9-20 底板、腹板、横梁钢筋绑扎 2

箱梁竹胶板底模及底板钢筋安装参考视频（密码：1718）

绑扎或焊接。

2) 钢筋绑扎要求

① 底板下层钢筋形成整体后，应及时安装保护层垫块，以免后期骨架重量增加使安装困难。

② 当底板的上下层钢筋之间未设计架立筋或架力筋不足以支撑施工荷载及上层钢筋自重时，上下层钢筋之间应设马凳或增加架立筋。

③ 靠模板一侧所有绑丝扣应朝向箱梁混凝土内侧。

④ 保护层垫块应具有足够的强度及刚度；使用混凝土预制垫块时，必须严格控制其配合比，配合比及组成材料应与梁体一致，保证垫块强度及色泽与梁体相同。

(8) 预应力管道安装（图 9-21）

1) 预应力管道的位置按设计要求准确布设，并采用定位钢筋固定安装。使其牢固地置于模板内的设计位置，并在混凝土浇筑期间不产生位移。固定各种孔管道用的定位钢筋的间距，对于波纹管不宜大于 0.8m，对于钢管不宜大于 1m；曲线段宜适当加密。

2) 金属管道接头处的连接管宜采用大一个直径等级的同类管道，其长度宜为被连接管道内径的 5～7 倍。连接时不得使接头处产生角度变化及在混凝土浇筑期间发生管道的转动或位移，并用密封胶带缠牢，防止水泥浆的渗入。

腹板及横梁钢筋
安装参考视频
（密码：1718）

图 9-21 预应力管道安装

3) 所有管道均应留压浆孔，曲线孔道的最高点应设排气孔，需要时在最低点设排水孔；压浆管、排气管和排水管应采用最小直径为 20mm 的标准管或适宜的塑料管（PVC 管），与管道之间的连接应采用金属或塑料结构扣件，长度应满足从管道引出结构物之外。泄水孔可用胶管或 PVC 管做成，管端要引到模板外侧。

4) 预应力管道在模板内安装完成后应及时将其端面盖好，防止水或杂物进入。

（9）锚垫板安装及要求

1) 在模板上准确定出锚垫板位置，然后在其中央打孔，孔径略大于波纹管孔径。

2) 用螺钉将垫板牢固安装在模板上，锚垫板与模板夹角通过计算确定。

3) 安装模板，将波纹管深入喇叭口内，将接头位置用胶带缠裹严密，检验合格后将模板固定，如图 9-22 所示。

4) 锚垫板要求位置准确，垫板平面应与预应力管道轴线垂直。

5) 螺旋筋应按设计要求安装，其轴线应与锚垫板平面垂直。

（10）混凝土浇筑

1) 多跨连续箱梁宜整联浇筑（图 9-23），因整联长度过长，需分段张拉。混凝土浇筑量过大，不能整联一次连续浇筑完成时，可分段（施工段）浇筑，浇筑时，纵向应自一端跨逐段向另一端跨、横向由两侧向中间交替进行，水平分层，往前推进，注意对称浇筑。分段位置如设计无规定宜留在梁跨 1/4 部位处。

2) 浇筑时纵向分段（浇筑段）、竖向分层（底板混凝土一般不宜分层浇筑）。每段先浇筑底板混凝土，再浇筑腹板和横梁，最后浇筑顶板。

3) 竖向浇筑顺序为：底板和腹板根部（浇筑腹板根部时要封住下八字）→腹板→顶板和翼板（图 9-24）。每步浇筑时水平分层，每层浇筑厚度不大于 30cm。

图 9-22 锚垫板安装

图 9-23 混凝土浇筑

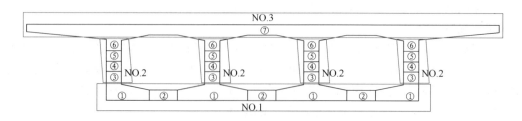

图 9-24 混凝土竖向浇筑顺序

4)混凝土的配合比设计要考虑初凝时间,混凝土的初凝时间必须超过混凝土的覆盖所用时间和向前浇筑混凝土离开墩身的时间。并有必要在初凝前在墩顶处进行复振,避免随着混凝土的浇筑，支架不断发生变形，先浇筑的混凝土已初凝而产生裂缝。

5）混凝土浇筑过程中应派专人检查钢筋、模板、波纹管、锚垫板、预埋件等，出现位移、松动时，及时纠正修复，同时还应对支架和模板的变形及沉降进行监控，发现问题及时进行处理。

6）浇筑宜采用插入式振捣器振捣，振捣时要避免振捣棒碰撞模板、钢筋，尤其是波纹管，因锚区钢筋较密，浇筑时应人工配合机械振捣，避免漏振。

7）采用后穿束时，混凝土浇筑前宜在波纹管内穿入钢丝棉球作拉通准备，混凝土浇筑时设专人由两端往复拉通，采用先穿束时，混凝土浇筑时可用卷扬机由两端往复拉动预应力筋，防止渗入水泥浆凝块堵孔，直至混凝土初凝后停止。

(11) 预应力筋张拉

1）梁体混凝土达到设计规定的强度和弹性模量（以梁体同条件养护的试件为准）时，方可进行张拉。

2）施加预应力前，应对箱梁混凝土进行外观检查，并将限制位移的模板进行全部拆除。

3）预施应力时，预应力筋、锚具和千斤顶应位于同一轴线上。

4）预应力筋张拉采用应力应变双控，以应力控制为主，以伸长值进行校核。实测伸长值与理论伸长值的差值不得超过规范要求的±6%或设计要求，否则，应停止张拉，分析原因。

5）预应力筋的张拉程序应符合技术规范要求，低松弛钢绞线力筋，采用夹片锚时为：0→初应力→控制应力 σ_{con}（持荷 2min 锚固）。

6）张拉顺序按设计图纸要求，依次张拉，注意缓慢均匀。无明确要求时，遵循分批、分阶段、同步、对称张拉的原则，以使梁体受力均匀、同步，不产生扭转、侧弯及超应力。

7）施工前应进行摩阻测试，根据实测摩阻值调整张拉力。

(12) 孔道压浆、封锚

1）压浆应在张拉后 24h 内进行，使用活塞式压浆泵按从低到高的顺序缓慢、均匀进行，不得中断，并应将所有最高点的排气孔依次放开和关闭，使孔道内排气通畅。

2）压浆应达到孔道另一端饱满和出浆，并应达到排气孔排出与规定稠度相同的水泥浆为止。

3）为保证管道中充满水泥浆，关闭出浆口后，应保持不小于 0.5MPa 的一个稳压期，该稳压期不宜小于 2min。

4）压浆完成后应先将锚具周围冲洗干净并对梁端混凝土凿毛，然后设置钢筋网浇筑封锚混凝土。

(13) 支架拆除

1）在梁体张拉完成后，压浆强度及梁体强度达到设计要求，方可拆除支架和底模，如图 9-25 所示。梁底模及支架卸载顺序，严格按照从梁体挠度最大处支架节点开始，逐步向两端卸落相邻节点。

2）应按几个循环卸落，卸落量由小到渐大，每一循环中，按横向同时、纵向对称均衡的原则进行卸落，当达到一定卸落量后，支架方可脱落梁体。

图 9-25 支架拆除现场

3）多跨连梁整联浇筑时，落架脱模宜各跨同时均匀分次卸落，如必须逐跨落架时，宜由两边跨向中跨对称拆除。

4）拆除时严禁上下同时作业。

9.3 施工质量检验标准

1. 模板、支架质量检验标准

（1）主控项目

模板、支架制作及安装应符合施工设计图（施工方案）的规定，且稳固牢靠，接缝严密，立柱基础有足够的支撑面和排水、防冻融措施。

① 检查数量：全数检查。

② 检验方法：观察和用钢尺量。

（2）一般项目

1）模板、支架安装允许偏差应符合表 9-1 的规定。

模板、支架安装允许偏差　　　　表 9-1

项目		允许偏差（mm）	检验频率		检验方法
			范围	点数	
相邻两板表面高低差	清水模板	2	每个构筑物或每个构件	4	用钢板尺和塞尺量
	钢模板	2			
表面平整度	清水模板	3		4	用 2m 直尺和塞尺量
	钢模板	3			
模内尺寸		+3 −6		3	用钢尺量，长宽、高各 1 点
轴线偏位	箱梁	8		2	用经纬仪测量，纵、横向各 1 点
	横隔梁	5			

续表

项 目			允许偏差（mm）	检验频率		检验方法
				范围	点数	
支承面高程			+2 −5	每支承面	1	用水准仪测量
预埋件	支座板、锚垫板、连接板等	位置	5	每个预埋件	1	用钢尺量
		平面高差	2		1	用水准仪测量
	螺栓、锚筋等	位置	3		1	用钢尺量
		外露长度	±5		1	
预留孔洞	预应力筋孔道位置（梁端）		5	每个预留孔洞	1	用钢尺量
	其他	位置	8		1	用钢尺量
		孔径	+10 0		1	
梁底模拱度			+5 −2	每根梁、每个构件、每个安装段	1	沿底模全长拉线，用钢尺量
侧模板侧向弯曲			$L/2000$，且≤10		1	沿侧模全长拉线，用钢尺量
支架纵轴线的平面偏位			$L/2000$，且≤30		3	用经纬仪测量

注：1. H 为构筑物高度（mm），L 为计算长度（mm）；
　　2. 支承面高程系指模板底模上表面支撑混凝土面的高程。

2）固定在模板上的预埋件、预留孔内模不得遗漏，且应安装牢固。

检查数量：全数检查。

检验方法：观察。

2. 预应力混凝土质量检验标准

(1) 主控项目

1）混凝土质量检验应符合《城市桥梁工程施工与质量验收规范》CJJ 2—2008 有关规定。

2）预应力筋进场检验应符合规范规定。

① 检查数量：按进场的批次抽样检验。

② 检验方法：检查产品合格证、出厂检验报告和进场试验报告。

3）预应力筋用锚具、夹具和连接器进场时，应对其质量证明文件、型号、规格等进行检验，并应符合规范规定。

① 检查数量：按进场的批次抽样检验。

② 检验方法：检查产品合格证、出厂检验报告和进场试验报告。

4）预应力筋的品种、规格、数量必须符合设计要求。

检查数量：全数检查。

检验方法：观察或用钢尺量、检查施工记录。

5）预应力筋张拉和放张时，混凝土强度必须符合设计规定；设计无规定时，不得低于设计强度的 75%。

检查数量：全数检查。

检验方法：检查同条件养护试件试验报告。

6）预应力筋张拉允许偏差应分别符合表9-2的规定。

钢筋后张法允许偏差　　　　　　　　　　　表 9-2

项目		允许偏差（mm）	检验频率	检验方法
管道坐标	梁长方向	30	抽查30%，每根查10个点	用钢尺量
	梁高方向	10		
管道间距	同排	10	抽查30%，每根查5个点	用钢尺量
	上下排	10		
张拉应力值		符合设计要求		
张拉伸长率		±6%		
断丝滑丝数	钢束	每束一丝，且每断面不超过钢丝总数1%	全数	查张拉记录
	钢筋	不允许		

7）孔道压浆的水泥浆强度必须符合设计规定，压浆时排气孔、排水孔应有水泥浓浆溢出。

检查数量：全数检查。

检验方法：观察、检查压浆记录和水泥浆试件强度试验报告。

8）锚具的封闭保护应符合规定：

埋设在结构内的锚具，压浆后应及时浇筑封锚混凝土。封锚混凝土的强度等级应符合设计要求，不宜低于结构混凝土强度等级的80%，且不得低于30MPa。

检查数量：全数检查。

检验方法：观察、用钢尺量。

（2）一般项目

1）预应力筋使用前应进行外观质量检查，不得有弯折，表面不得有裂纹、毛刺、机械损伤、氧化铁锈、油污等。

检查数量：全数检查。

检验方法：观察。

2）预应力筋用锚具、夹具和连接器使用前应进行外观质量检查，表面不得有裂纹、机械损伤、锈蚀、油污等。

检查数量：全数检查。

检验方法：观察。

3）预应力混凝土用金属螺旋管使用前应按国家现行标准《预应力混凝土用金属螺旋管》JG/T 3013 的规定进行检验。

检查数量：按进场的批次抽样复验。

检验方法：检查产品合格证、出厂检验报告和进场复验报告。

4）锚固阶段张拉端预应力筋的内缩量应符合规范要求。

检查数量：每工作日抽查预应力筋总数的3%，且不少于3束。

检验方法：用钢尺量、检查施工记录。

3. 预制梁质量检验标准

（1）主控项目

现浇箱梁结构表面不得出现超过设计规定的受力裂缝。

1）检查数量：全数检查。

2）检验方法：观察或用读数放大镜观测。

（2）一般项目

1）支架现浇箱梁偏差应符合表9-3的规定。

支架现浇箱梁允许偏差　　　　表9-3

序号	检查项目		规定值或允许偏差（mm）	检查频率		检查方法
				范围	点数	
1	轴线偏位		10	每跨	3	用经纬仪测量
2	梁板顶面高程		±10		3～5	用水准仪测量
3	断面尺寸	高	+5 -10		1～3个断面	用钢尺量
		宽	±30			
		顶、底、腹板厚	+10 0			
4	长度		+5 -10		2	用钢尺量
5	横坡（%）		±0.15		1～3	用水准仪测量
6	平整度		8		每侧面每10m梁长测1点	用2m直尺、塞尺量

2）结构表面应无空洞、露筋、蜂窝、麻面和宽度超过0.15mm的收缩裂缝。

① 检查数量：全数检查。

② 检验方法：观察、用读数放大镜观测。

习　　题

1. 填空题

（1）支架的纵轴线的平面位置的允许偏差为计算长度的_____且不大于_____mm。

（2）支架应按_____的要求进行安装，立柱应_____，节点连接应_____，上下层立柱应_____。

（3）支架应通过预压的方式消除_____和_____，并获取_____参数。

（4）支架预压荷载应按设计规定，设计未规定时，预压荷载不小于结构自重与施工荷载之和的_____倍。

（5）锚垫板要求位置准确，垫板平面应与预应力管道轴线_____。

（6）螺旋筋应按设计要求安装，其轴线应与_____垂直。

2. 选择题

(1) 预应力筋张拉时的实际伸长值与理论伸长值的差值当设计未规定时，不得超过（　　）。

  A. ±6%   B. ±4%   C. ±8%   D. ±10%

(2) 施工规范规定的箱梁顶面高程允许偏差为（　　）。

  A. ±2mm   B. ±5mm   C. ±10mm   D. ±15mm

(3) 固定预应力孔道的定位钢筋，对于直线段波纹管，不应大于（　　）。

  A. 0.4m   B. 0.8m   C. 1.5m   D. 2.0m

(4) "支立内模侧、顶模板"的下一道工序应是（　　）。

  A. 绑扎顶板、翼板钢筋安装横向预应力管道及预应力钢束

  B. 箱梁混凝土浇筑

  C. 支架预压

  D. 预应力张拉

3. 简答题

(1) 预应力筋张拉时，混凝土应达到什么要求？

(2) 支架拆除的一般顺序和要求是什么？

(3) 混凝土浇筑过程中应注意对哪些部分进行重点检查和监控，以便发现问题及时处理？

(4) 桥梁施工规范规定的现浇箱梁质量标准中的检查项目包括哪些？

项 目 实 训

【碗扣式支架搭设实训】

1. 实训任务与安排

(1) 每小组搭设一跨现浇箱梁碗扣式支架。

(2) 对所搭支架进行安全检查、记录。

(3) 实训结束清理场地，归还工具。

2. 工具准备：钢卷尺、墨线盒、扳手。

3. 材料准备

(1) 立杆 $\phi 48 \times 3.5$ 钢管：0.6m、0.9m、1.8m、3.0m。

(2) 横杆 $\phi 48 \times 3.5$ 钢管：0.6m、0.9m、1.2m。

(3) 斜撑、剪刀撑 $\phi 48 \times 3.5$ 钢管：1.2m、2m、4m、6m。

(4) 扣件：直角扣件、对接扣件

(5) 上顶托、下顶托 15cm×15cm×600cm。

4. 搭设与拆除要求

(1) 根据给定的搭设边线和顶面高程数据在已处理的地基上进行支架安装。

(2) 根据立杆及横杆的设计组合，从底部向顶部依次安装立杆、横杆。安装时应保证立杆处于垫块中心。

(3) 首层立杆应采用不同的长度交错布置。

(4) 立杆和横杆安装完毕后，安装斜撑杆，保证支架的稳定性。

(5) 斜撑通过扣件与碗扣支架连接，安装时尽量布置在框架结点上，必须对称设置。

(6) 纵向扫地杆距底座上皮不大于 200mm，横向扫地杆采用直角扣件固定在紧靠纵向扫地杆下方的立杆上。

(7) 拆除要求：经检查评分后，按规范要求拆除。

项目10　预应力混凝土连续箱梁悬臂浇筑施工

项目概述

悬臂浇筑法指的是在桥墩两侧设置工作平台，平衡地逐段向跨中悬臂浇筑混凝土梁体，并逐段施加预应力的施工方法。悬臂浇筑法主要设备是一对能"行走"的挂篮，挂篮在已经张拉锚固并与墩身连成整体的梁段上移动，绑扎钢筋、立模、浇筑混凝土、施预应力都在其上进行。完成本段施工后，挂篮对称向前各移动一节段，进行下一对梁段施工，循序前行，直至悬臂梁段浇筑完成，适用于城市桥梁工程中大跨径预应力混凝土悬臂梁桥、连接梁桥、连续刚构桥等结构跨越宽深河流、山谷或施工期水位变化频繁不宜水上作业的河流，以及通航频繁且施工时需留有较大净空的河流、湖泊、海域等情况下的施工作业，如图 10-1 所示。

(a)

(b)

图 10-1　悬臂施工法

项目学习目标

1. 了解悬臂浇筑施工方法、工艺流程。
2. 掌握悬臂浇筑施工各阶段技术要求。
3. 能按质量检验标准对悬臂施工连续梁进行施工质量检验。

悬臂施工法参考视频1

10.1 施 工 准 备

1. 技术准备

（1）熟悉和分析施工图纸、施工现场的施工环境、气候资料等，编制悬浇施工的单项施工组织设计，向技术人员进行书面的一级技术交底和安全交底。

（2）选择合适的墩顶梁段及附近梁段的施工方法，可采用托架或膺架为支架、就地浇筑混凝土。托架或膺架要经过专项设计，计算弹性及非弹性变形。连续梁结构的梁墩临时固结、解除也应进行专项施工设计计算。

（3）选择合格的挂篮形式。挂篮要经过设计计算，挂篮质量与梁段混凝土的质量比值控制在 0.3~0.5 之间，特殊情况下也不应超过 0.7。

（4）悬浇施工前对作业班组进行全面的技术、操作、安全二级交底，做到熟练掌握立模、钢筋绑扎、浇筑、振捣、张拉、压浆等技术要求，要有应对安全紧急救援的措施，确保施工过程的工程质量和人身安全。

2. 材料准备

（1）原材料：水泥、石子、砂、钢筋、钢绞线、锚具、波纹管等，由持证材料员和试验员按规定进行检验，确保其原材料质量符合相应标准。

（2）对商品混凝土应检查配合比报告，包括商品混凝土的强度等级、抗渗等级、水胶比、坍落度以及原材料的质量证明文件编号等。如果配合比报告上没有具体原材料质量证明文件编号的情况下，还应该检查砂、石、水泥、外加剂的材料出场检验报告（即合格证）和使用前所做的原材料复试报告，确保满足悬臂浇筑施工的全部要求。

3. 施工机械设备：

（1）起重设备：塔吊、吊车、浮吊、卷扬机等。

（2）安全设备：安全锚、防滑鞋、安全带、救生衣等。

（3）混凝土灌注设备、混凝土运输设备：混凝土拌合站（机）、混凝土输送泵、泵管、串筒、振捣器、吊斗、混凝土灌车等。

（4）挂篮、模板设备：模板、支撑架、挂篮等。

（5）钢筋加工安装设备：钢筋成套加工设备、电焊机等。

（6）张拉设备：油泵、千斤顶等。

（7）测量检查仪器：全站仪、水准仪、传感器、振动频率测力计等。

10.2 施工操作工艺

1. 工艺流程

悬臂现浇箱梁施工流程如图 10-2 所示。

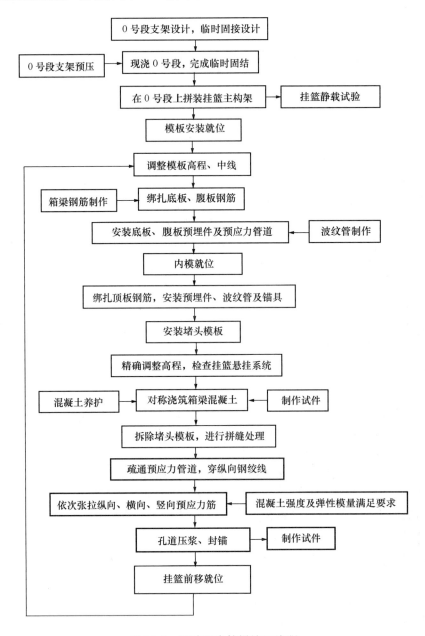

图 10-2 悬臂现浇箱梁施工流程

2. 施工操作方法与技术要求
（1）0 号段施工
1）底模铺设：
调整支架高程后铺底模，底模采用竹胶板。在支架顶小横杆上铺方木，方木应立放，其上铺大块竹胶板，空隙用小块竹胶板补齐，竹胶板用铁钉与方木钉牢，板间拼缝应严密，不得有错台、翘曲或较大缝隙，防止浇筑混凝土时漏浆及底板不平顺。0 号段底模完成后进行等载预压（图10-3）消除非弹性变形，并设观测点测量弹性变形，作为施工高程控制的依据。

图10-3 底模预压

2）0号段临时固结：

连续梁桥、悬臂梁桥采用悬臂法施工，为保证施工过程中结构的稳定可靠，必须采取0号段梁段与桥墩间临时固结（或支承）措施。设计无规定时，宜使用易于拆装的钢结构或高强混凝土结构（抗压）配合穿心的精轧螺纹钢（抗拉），如图10-4所示。

3）立模：

用全站仪精确定出梁中心线及底板边线后架立侧模，侧模面板可采用竹胶板，外钉方木横肋。侧模加固采用钢管支架。侧模加固采用钢管支架。内模采用组合钢模，内模加固采用钢管支架加固。

4）钢筋绑扎及预应力管道定位：

钢筋绑扎按设计图纸及规范要求进行；钢筋绑扎中，事先要安排好钢筋的绑扎先后次序，选择好钢筋保护层的支垫方式，底板采用高强度规格的混凝土垫块，侧面保护层采用标准尺寸的塑料垫块。注意各种预埋件及预留孔的位置、尺寸、规格，不得遗漏。0号段波纹管较多且集中，又是以后悬浇段预应力束的基础段，所以要定位准确，定位筋焊接必须牢固。为避免混凝土施工中波纹管进浆堵塞，在波纹管内穿直径稍小的硬质塑料管防止堵塞。

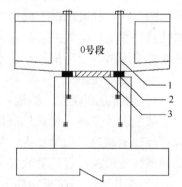

图10-4 0号段临时固结
1—锚固钢筋；2—临时支座；
3—永久支座

5）混凝土浇筑：

混凝土浇筑采用泵送方式。搭设混凝土作业平台，在顶板上预留天窗，布置输送混凝土的漏斗和串筒。从底板开始前后、左右对称浇筑0号段混凝土，混凝土浇筑顺序由0号段中心分别向两端分层浇筑，先浇筑底板，待底板浇筑完毕后将腹板、顶板一次性浇筑完成,如图 10-5 所示。

图 10-5　0 号段混凝土浇筑

6) 养护及预应力施工:

混凝土浇筑完毕后,加强对梁段尤其是箱体内侧与外侧的洒水养护。当混凝土强度达到设计要求强度时,张拉预应力束并封头压浆。

(2) 挂篮组拼及试压

墩顶现浇段完成后,依据挂篮设计资料,确定挂篮组拼控制线。依据实际起重能力选择合理的起重方案。然后按照先主桁架、次底篮、再模板,最后其他附属结构的顺序进行挂篮的组拼。挂篮组拼完成后,为了检验挂篮的性能和安全,消除结构的非弹性变形,获取挂篮弹性变形曲线的参数,为箱梁施工提供数据,应对挂篮进行预压(静载试验),预压通常采用试验台座加压法、水箱加压法等。

(3) 悬浇段施工

1) 调整立模高程、轴线:

依据设计资料,复核悬浇梁段轴线控制网和高程基准点,确定并调整立模的轴线及高程。经驻地监理工程师检查、批准后才能绑扎钢筋。立模时应预留预拱度,预拱度包含挂篮的弹性变形及通过计算软件分析而得的施工及后期预拱度值,如图 10-6 所示。

2) 绑扎底板、腹板钢筋:

依据设计资料,先在加工场将钢筋制作成形,然后用塔吊、吊车或浮吊将钢筋运到已完成的箱梁顶面,先绑扎底腹板钢筋,再绑扎顶板钢筋。在施工过程中,施工负责人根据设计图纸,合理地确定不同种类钢筋的绑扎顺序,自检人员再检查钢筋种类、根数、间距及保护层控制是否满足要求。

3) 安装竖向预应力筋:

安装地板预应力管道及定位钢筋等一般在钢筋绑扎过程中安装完成,在预应力管道布设过程中,应用胶带将锚头与波纹管连接及波纹管接头处密封,封住压浆管管口,将压浆管和钢筋绑扎连接牢固,并在纵向波纹管内插入 PVC 管,以免浇混凝土时振动脱落而进浆。预应力管道布设时,要注意按施工设计方案布置出气孔、出浆孔。

图 10-6 安装悬臂段模板

4）绑扎顶板钢筋、安装顶板横向预应力筋及纵向预应力管道（图 10-7）。

图 10-7 预应力管道安装

护栏预埋钢筋和翼板钢筋同时绑扎，挂篮预埋孔位置要准确，以免影响挂篮的使用。为便于以后箱室内底板预应力张拉，在顶板上适当位置预留适当尺寸的人孔，以利于人员上下和设备的运输。以上工作完成后，支堵头模板。

5）混凝土浇筑：

试验室工作人员将原材料检验报告单、混凝土配合比等报监理工程师签认。待模板、钢筋及预应力系统和各种预埋件施工完毕，经监理工程师检查认可后，即可进行混凝土浇筑。桥墩两侧梁段悬臂施工应对称、平衡，实际不平衡偏差不得超过设计要求值，如图10-8 所示。

图 10-8 混凝土浇筑

箱形截面混凝土浇筑顺序应按设计要求办理，当采用两次浇筑时，各梁段的施工应错开。箱体分层浇筑时，底板可一次浇筑完成，腹板可分层浇筑，分层间隔时间宜控制在混凝土初凝之前且要确保覆盖。

6）养护、拆堵头模板、凿毛：

在混凝土浇筑完毕后，及时在顶板表面拉毛并进行混凝土养护。用土工布、麻布等覆盖，并经常洒水，养护时间不少于 7d；气温较低时表面覆盖棉被，保证混凝土强度。当混凝土强度达到 2.5MPa 后方可拆除堵头模板，进行凿毛。经凿毛处理的混凝土面，应用水冲洗干净。

7）清孔穿束：

箱梁混凝土浇筑后，应对预应力管道进行冲洗后用空压机吹干，然后人工穿入合格的钢绞线，当管道较长时采用卷扬机穿束，安装锚具。

8）张拉：

待混凝土强度达到设计要求时，即可开始张拉。张拉要严格按照设计规定顺序进行。如设计无要求时，应注意上下、左右对称张拉，张拉时注意梁体和锚具的变化。

9) 压浆：

预应力筋张拉后，孔道应尽早压浆：

① 水泥浆自拌制至压入孔道的延续时间，视气温情况而定。水泥浆在使用前和压注过程中应连续搅拌。对于因延迟使用所致的流动度降低的水泥浆，不得通过加水来增加其流动度。

② 压浆时，对曲线孔道和竖向孔道应从最低点的压浆孔压入，由最高点的排气孔排气和泌水。压浆宜先压注下层孔道。

③ 压浆应均匀地进行，避免中断，并应将所有最高点的排气孔依次放开和关闭，使孔道内排气通畅。

④ 当采用真空压浆时，要使用专用塑料波纹管及接头，用配套锚具，按真空压浆的要求配制水泥浆，并按真空压浆流程进行施工。

⑤ 挂篮移动工序必须在水泥浆初凝后或压降强度达到规定值后进行。

10) 移挂篮：

预应力张拉完成后即可拆除腹板模板对拉杆，卸落吊锚杆。安装行走小车，拆除后锚杆，使挂篮由锚固状态转换为行走状态。挂篮完成体系转换后即可进行挂篮的前移。挂篮行走时，首先控制好轨道的中线和间距，防止挂篮走偏，如图10-9所示。主梁轨道必须要放水平，轨道与箱梁必须固定牢靠。为保证挂篮就位时不扭曲、偏移，在主梁上设置垂直于主梁纵向轴线的标记线，用仪器观测来控制。如相差过大要及时调整。挂篮行走到位后安装后锚杆，拆除行走小车，完成挂篮体系的转换。

图10-9 挂篮行走准备

(4) 合龙段施工

合龙段施工时通常由两个挂篮向一个挂篮过渡，所以先拆除一个挂篮，用另一个挂篮走行跨过合龙段至另一端悬臂施工梁段上，形成合龙段施工支架。也可采用吊架的形式形成支架，如图10-10所示。

图10-10 合龙段施工

在合龙段施工过程中，由于昼夜温差影响，现浇混凝土的早期收缩、水化热影响，已完成梁段混凝土的收缩、徐变影响，结构体系的转换及施工荷载等因素影响，因此，需采取必要措施，以保证合龙段的质量。

1) 合龙段长度选择。合龙段长度在满足施工操作要求的前提下，应尽量缩短，一般采用1.5～2.0m。

2) 合龙温度选择。一般宜在低温合龙，遇夏季应在晚上合龙，并用草袋等覆盖，并加强接头混凝土养护，使混凝土早期结硬过程中处于升温受压状态。

3) 合龙段混凝土选择。混凝土中宜加入减水剂、早强剂，以便及早达到设计要求强度，及时张拉预应力束筋，防止合龙段混凝土出现裂缝。

4) 合龙段采用临时锁定措施，采用劲性型钢或预制的混凝土柱安装在合龙段上下部作支撑，然后张拉部分预应力束筋，待合龙段混凝土达到要求强度后，张拉其余预应力束筋，最后再拆除临时锁定装置。

为方便施工，也可将劲性骨架作预应力束筋的预留管道打入合龙混凝土内，将劲性钢管安装在截面顶板和底板管道位置，钢管长度可用螺纹套管调节，两端支承在梁段混凝土端面上，并在部分管道内张拉预应力筋，待合龙段混凝土达强度要求后，再张拉其余预应力束筋。也可在合龙段配置加强钢筋或劲性管架。

5) 为保证合龙段施工时混凝土始终处于稳定状态，在浇筑之前各悬臂端应附加与混凝土质量相等的配重（或称压重），加配重要依桥轴线对称加载，按浇筑重量分级卸载。如采用多跨一次合龙的施工方案，也应先在边跨合龙，同时需经大量计算，进行工艺设计和设备系统的优化组合。

(5) 悬浇线形及应力监控

1) 对应力及线形监控时，宜按挂篮就位后、混凝土浇筑后、张拉完成后三种工况进行。特殊情况下如箱梁块件长度与截面尺寸变化的首件、施工至1/2悬臂长度以及合龙前的3～4个块件，宜根据需要增加预应力张拉前和混凝土浇筑前2个工况进行监控。

2) 应通过监测、分析和与设计理论值相比较，验证各项设计假定的合理性及设计的可靠性，保证桥梁结构的安全，同时提供立模高程，保证桥梁线形。

3) 线形测量监控的原则和方法如下：

① 挠度监测应做到四定原则：定人、定仪器、定时、定点。观测时间宜选在日出前，避开日照、温差对挠度所造成的影响。

② 每次观测均应做好测量记录（含记录气象、温度等环境条件），观测完成后应及时对数据进行整理分析。

悬臂施工法参考视频2

悬臂施工法参考视频3

4) 应力监控的原则和方法：

① 应选择温度稳定的测量时间，并进行多方面的修正。

② 选择稳定的传感器。

③ 所有的测试元件均应具有可靠的标定数据。

10.3 施工质量检验标准

1. 主控项目

（1）悬臂浇筑必须对称进行，桥墩两侧平衡偏差不得大于设计规定，轴线挠度必须在设计规定范围内。

检验数量：全数检查。

检验方法：检查监控量测记录。

（2）现浇梁体结构表面不得出现超过设计规定的受力裂缝。

检查数量：全数检查。

检验方法：观察或用读数放大镜观测。

2. 一般项目

（1）悬臂浇筑混凝土梁允许偏差应符合表10-1的规定。

悬臂浇筑混凝土梁允许偏差　　　　　表10-1

序号	检查项目		允许偏差（mm）	检验频率		检验方法
				范围	点数	
1	轴线偏位	$L \leq 100m$	10	节段	2	用经纬仪测量，纵向计2点
		$L > 100m$	$L/10000$			
2	顶面高程	$L \leq 100m$	±20	节段	2	用水准仪测量
		$L > 100m$	$±L/5000$			
		相邻节段高差	10		3~5	用钢尺量
3	断面尺寸	高度	+5，-10	节段	一个断面	用钢尺量
		宽度	±30			
		顶、底、腹板厚	+10，0			
4	合龙后同跨对称点高程差	$L \leq 100m$	20	每跨	5~7	用水准仪测量
		$L > 100m$	$L/5000$			

续表

序号	检查项目	允许偏差(mm)	检验频率 范围	检验频率 点数	检验方法
5	横坡（%）	±0.15	节段	1~2	用水准仪测量
6	平整度	8	检查竖直、水平两个方向，每侧面每10m梁长	1	用2m直尺、塞尺量

注：L 为桥梁跨度。

(2) 梁体线形平顺，相邻梁段接缝处无明显折弯和错台，梁体表面无孔洞、露筋、蜂窝、麻面和超过 0.15mm 的收缩裂缝。

检查数量：全数检查。

检验方法：观察或用读数放大镜观测。

习　　题

1. 填空题

(1) 挂篮组拼完成后，为了检验挂篮的性能和安全，消除结构的非弹性变形，获取挂篮弹性变形曲线的参数，为箱梁施工提供数据，进行_____。

(2) 连续梁的合龙段混凝土一般应采用_____混凝土，强度宜_____。

(3) 连续梁、连续刚构的悬臂浇筑合龙段混凝土施工应选择在一天中温度_____的时间进行。

(4) 连续梁、连续刚构的梁跨结构体系转换应在_____完成后进行。

(5) 合龙段采用临时锁定措施，采用_____或_____安装在合龙段上下部作支撑，然后张拉部分预应力筋，待合龙段混凝土达到要求强度后_____，最后再拆除临时锁定装置。

2. 选择题

(1) 采用悬臂挂篮法浇筑桥梁上部结构混凝土时，需防止因后浇筑混凝土的重力引起挂篮变形，导致先浇筑的混凝土开裂，下列措施中，不能起到预防作用的是(　　)。

A. 根据混凝土重量变化调整吊带高度

B. 采用预抬高挂篮的后支点法

C. 水箱法中保持水箱水量不变

D. 混凝土一次浇筑法

(2) 现浇预应力混凝土连续梁采用悬臂浇筑施工，合龙顺序应按设计要求办理，设计无要求时，合龙顺序一般是(　　)，多跨一次合龙时，必须同时均衡对称地合龙。

A. 先中跨、后次跨、再边跨

B. 先次跨、后边跨、再中跨

C. 先边跨、后次跨、再中跨

D. 先边跨、后中跨、再次跨

(3) 在悬臂浇筑施工中，挂篮组拼后，应全面检查安装质量，并对挂篮进行试压，以消除结构的非弹性变形。挂篮试压的最大荷载一般可按(　　)考虑。

A. 全跨浇筑梁段重量的 1.2 倍
B. 各悬浇梁段平均重量的 1.2 倍
C. 最大悬浇梁段重量的 1.3 倍
D. 各悬浇梁段平均重量的 1.3 倍

（4）关于悬臂浇筑混凝土连续梁合龙的说法，错误的是（　　）。

A. 合龙顺序一般是先边跨，后次跨，再中跨
B. 合龙宜在一天中气温最高时进行
C. 合龙段混凝土强度宜提高一级
D. 合龙段混凝土浇筑完成后，应加强养护

3. 简答题

（1）为保证合龙段的质量，施工过程中应采取哪些必要措施？
（2）悬臂浇筑施工质量检验的主控项目、检验数量、检验方法分别有哪些？

项 目 实 训

【悬臂浇筑预应力混凝土梁 0 号段质量检验】

在校内桥梁实训场或校外施工现场，按设计图纸或给定的设计数据，分组对已悬臂浇筑完成的预应力 0 号段，根据验收规范要求进行质量检验并填写验收表（见附表 7），给出验收结论。

项目 11　钢—混凝土结合梁施工

项目概述

钢—混凝土结合梁又称叠合梁，是在钢结构和混凝土结构基础上发展起来的一种新型结构型式，它在受压区采用混凝土翼缘板，受拉区采用钢梁，钢梁与混凝土翼缘板之间采用剪力连接件（栓钉、槽钢、弯筋等）连接，抵抗两者在交界面处的掀起及相对滑移，使之成为一个整体而共同工作，如图 11-1。钢—混凝土结合梁同钢筋混凝土梁相比，可以减轻结构自重，减小地震作用，减小截面尺寸（特别是梁高），增加有效使用空间（增大跨度和净空），节省支模工序和模板，施工方便快捷，经济指标好，增加梁的延性等。同钢梁相比，可以减少用钢量，增大刚度，增加稳定性和整体性，提高结构抗火性和耐久性，维护相对简便，振动及噪声小，所以，特别适宜城市桥梁。本项目主要针对钢主梁（钢箱梁）在工厂内制造、运输至工地安装，然后与钢筋混凝土或预应力混凝土板结合成整体的钢—混凝土结合梁施工进行学习。

图 11-1　钢—混凝土结合梁桥（一）

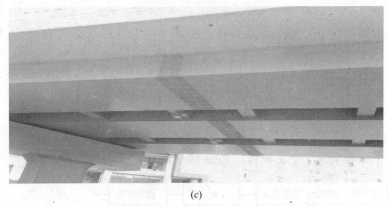

(c)

图 11-1 钢—混凝土结合梁桥（二）

项目学习目标

1. 了解钢—混凝土结合梁基本施工方法、工艺流程。
2. 掌握钢梁安装就位、支架、模板、预应力工程、混凝土工程等的施工技术要求。
3. 能按质量检验标准对钢—混凝土结合梁施工进行质量检验。

11.1 施 工 准 备

1．技术准备

（1）认真审核设计图纸，编制专项分项工程施工方案并报业主及监理审批。

（2）进行钢筋的取样试验、钢筋放样及配料单编制工作。

（3）对模板、支架进行进场验收。

（4）对商品混凝土应检查配合比报告，包括商品混凝土的强度等级、抗渗等级、水胶比、坍落度以及原材料的质量证明文件编号等。如果是配合比报告上没有具体原材料质量证明文件编号的情况下，还应该检查砂、石、水泥、外加剂的材料出场检验报告（即合格证）和使用前所做的原材料复试报告。

（5）对操作人员进行培训，向班组进行交底。

（6）组织施工测量放线。

（7）施加预应力的锚具、夹具和连接器已经过校验并有记录。张拉机具与设备、灌浆机具准备就绪。

2．材料要求

（1）钢—混凝土结合梁所需原材料应符合设计要求及国家相关现行产品标准规定。

（2）钢—混凝土结合梁施工所需的模板、钢筋、混凝土、钢绞线等除应符合国家现行标准规定外，还应符合施工组织设计（施工方案）的规定。

3．机具设备

（1）模板加工机具：电锯、电刨、手电钻等。

（2）钢筋加工设备：钢筋弯曲机、钢筋调直机、钢筋切断机、电焊机、砂轮切割机等。

（3）混凝土施工机具：混凝土运输车、混凝土输送泵、汽车吊、混凝土浇筑料斗、混凝土振捣器等。

（4）预应力器材设备：锚具、夹具和连接器等，千斤顶（压力表）、油泵、注浆机、卷扬机等。

11.2 施 工 操 作 工 艺

1. 工艺流程

钢—混凝土结合梁施工工艺流程，如图 11-2 所示：

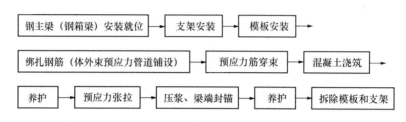

图 11-2 钢—混凝土结合梁施工工艺流程图

2. 施工操作方法及技术要求

（1）钢主梁（钢箱梁）安装就位测量

钢箱梁吊装完成后，测量其实际标高，复核预拱度，并及时将测量结果反馈给设计及有关人员，如有必要，可用千斤顶调整标高，如图 11-3 所示。

图 11-3 钢箱梁安装

钢箱梁制作安装
参考视频 1

钢箱梁制作安装
参考视频 2

（2）支架安装

支架安装必须符合设计规定要求与《城市桥梁工程施工与质量验收规范》CJJ 2—2008 中有关支架的相应规定。支架形式应根据具体情况确定；当支架高度在 5m 以内时，可采用就地支撑排架支架，如图 11-4 所示。支架除应考虑钢梁拼接荷载外，应同时计入混凝土结构和施工荷载。高度大于 5m 时，当桥下有现状社会交通时，可与设计方协商，在加工钢梁时预留安装孔，安装外挂三脚架，或采用门洞排架，减少支架安装工作量。外挂三脚架间距可控制在 1m 左右，用螺栓与钢箱梁连接（混凝土浇筑前要在钢箱梁和外挂三脚架的螺栓位置预埋钢套管，以方便螺栓和三脚架的拆除），三脚架下端采用可调顶撑，顶紧在钢箱梁的侧壁上，纵向采用脚手管连接，保证三脚架的稳定。

图 11-4 排架支架

（3）模板工程

模板安装应符合《城市桥梁工程施工与质量验收规范》CJJ 2—2008 中有关模板的相应规定。三脚架顶铺设 50mm 的木板，然后铺设 12mm 后的覆膜多层板。模板拼接要提前做好模板设计，按模板图进行拼装。

钢—混结合梁现浇板内模可采用 50mm 厚木板，背肋用 50mm×100mm 方木，模板表面钉塑料布，以防漏浆，便于拆模。

（4）钢筋工程

钢筋工程应遵守《城市桥梁工程施工与质量验收规范》CJJ 2—2008 中有关钢筋的相应规定。加强对钢筋保护层的控制，不得随意踩踏钢筋网。

钢筋绑扎时首先安装与波纹管无矛盾的普通钢筋，初步形成钢筋骨架，与预应力钢束有矛盾的钢筋在波纹管就位后适当调整其位置。

（5）预应力工程

钢—混凝土结合梁的预应力工程包括预应力管道、预应力筋下料、穿束、张拉机压浆封锚等工序，应符合《城市桥梁工程施工与质量验收规范》CJJ 2—2008 中有关预应力混凝土的相关规定并应符合下列要求：

1）钢梁制造时加强对锚垫板、外套管、转向器及导向管组焊精度的控制，必须精确定位，首先对设计图进行校核，数据无误后出加工图用于指导施工。

2）体外索张拉端位于钢箱梁两端头横隔板上，横隔板处又有支座垫板，且两端头无封端钢板，如果体外索张拉导致底板变形，会直接影响支座垫板与垫石的贴合度，因此必须在钢箱梁两端头处进行加固,采用大型工字钢临时焊于两腹板间,防止底板的横向变形。

3) 结合梁混凝土现浇结构各部位波纹管安装需与相应部位的钢筋绑扎一起完成。根据设计放出控制点,定出波纹管实际位置,每0.5m用架立钢筋固定波纹管。

4) 体外索张拉的张拉应力控制、张拉顺序应符合设计要求。

(6) 混凝土工程

1) 混凝土浇筑前,应对钢主梁的安装位置、高程、纵横向连接、临时支架、钢梁顶面传剪器焊接质量等进行检验,各项均应达到设计或施工要求。

2) 混凝土浇筑前应检查模板尺寸、形状、接缝及支架牢固情况,清除模板内的杂物。检查钢筋的数量、尺寸间距、预埋件和预留孔应齐全,位置准确。金属螺旋管应固定牢靠、接缝严密,并测量其梁顶标高,经验收合格后浇筑混凝土。

3) 结合梁混凝土采用混凝土搅拌车运输、混凝土输送泵车浇筑。

4) 混凝土桥面结构应全断面连续浇筑,浇筑顺序:顺桥向应自跨中开始向支点处交汇,或由一端开始浇筑;横桥向应先由中间开始向两侧扩展。桥面高程的控制采用平面振捣梁的轨道顶标高控制,用平板振捣梁初平,滚杠提浆,人工二次抹压平整。

5) 混凝土浇筑完成后应测量梁顶面高程。

(7) 钢—混凝土结合梁桥,钢梁支墩、支架的拆除必须按设计规定的程序进行。

11.3 施工检验质量标准

(1) 钢主梁制造、安装质量检验应符合《城市桥梁工程施工与质量验收规范》CJJ 2—2008中有关规定。

(2) 现浇混凝土施工中涉及的模板与支架,钢筋、混凝土、预应力混凝土质量检验符合《城市桥梁工程施工与质量验收规范》CJJ 2—2008中相关规定。

(3) 钢—混凝土结合梁现浇混凝土结构应符合表11-1的规定。

一般项目

结合梁现浇混凝土结构允许偏差 表11-1

序号	项目	允许偏差（mm）	检验频率		检验方法
			范围	点数	
1	长度	±15	每段每跨	3	用钢尺量,两侧和轴线
2	厚度	+10,0		3	用钢尺量,两侧和中间
3	高程	±20		1	用水准仪测量,每跨测3~5处
4	横坡（%）	±0.15		1	用水准仪测量,每跨测3~5个断面

习 题

1. 填空题

(1) 钢主梁吊装完成后,应测量其_____,复核_____,并及时将测量结果反馈给设计及有关人员。

（2）支架除应考虑钢梁拼接荷载外，应同时计入_____和_____荷载。

（3）钢筋绑扎时首先安装与波纹管无矛盾的普通钢筋，初步形成钢筋骨架，与预应力钢束有矛盾的钢筋在_____后适当调整其位置。

（4）混凝土浇筑前，应对钢主梁的安装位置、高程、_____、临时支架、钢梁顶面等进行检验，各项均应达到设计或施工要求。

（5）混凝土桥面结构应_____浇筑，顺桥向应自_____开始向_____处交汇，或由一端开始浇筑；横桥向应先由_____开始向_____扩展。桥面高程的_____控制，用平板振捣梁初平，滚杠提浆，人工二次抹压平整。

2. 简答题

（1）简述钢—混凝土结合梁施工工艺流程。
（2）钢梁现场安装检验的主控项目和一般项目分别有哪些？

项 目 实 训

【钢箱梁安装质量检验】

在校内桥梁实训场，对已架设到墩台支座上的钢箱梁按设计图纸或给定的数据，根据验收规范要求进行安装质量检验，填写验收表（见附表8），并给出验收结论。

项目 12　地道桥箱涵顶进施工

项目概述

桥梁工程从现有铁路、道路路基下通过时，常采用框架式通道桥的顶进施工方法，如图 12-1 所示。箱涵顶进施工的基本方法是在路基外侧开挖工作坑，在坑内修建后背、砌筑滑板、铺设隔离层、灌注箱体，待箱体养护达到设计强度时，用千斤顶、顶铁（柱）等设备借助后背墙反力推进箱体前进，当箱体与既有路基接触后，开始挖运箱体断面以内的路基土。千斤顶完成一个顶程后，收回顶杆，接长顶铁，再继续顶进、挖土、顶进，如此反复作业，直至驱使箱身逐步移位到设计位置为止，如图 12-2 所示。

(a)

(b)

图 12-1　地道（通道）桥

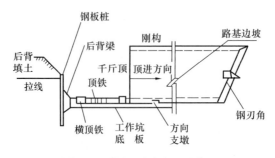

图 12-2　箱涵顶进施工示意图

项目学习目标

1. 了解地道桥施工方法、施工流程。
2. 掌握地道桥施工各阶段的施工技术要求。
3. 能按质量检验标准对滑板、预制箱涵及顶进完成后的箱涵进行质量检验。

12.1 施 工 准 备

1. 技术准备

(1) 认真熟悉图纸，进行现况调差、根据现场条件编制施工组织设计，报有关部门批准。确定桥涵顶进、引道施工、排水泵站及其他地下管线施工的占地范围、相互关系、施工顺序、施工方法。

(2) 对操作人员进行培训，向班组进行交底。

(3) 组织施工测量放线。

2. 材料要求

(1) 箱涵制作所需原材料（模板、支架、钢筋、混凝土原材料等），应符合设计要求及现行产品标准规定。

(2) 顶进后背、滑板所需原材料应符合设计要求及现行产品标准规定。

3. 机具设备

(1) 土方机械：反铲（挖掘机）、自卸车、翻斗车等。

(2) 顶进吊装设备：高压泵站、高压油管、双作用千斤顶、顶铁、顶住、横梁、连接板、汽车吊等。

(3) 仪器工具：经纬仪、水准仪、激光指向仪、撬棍、扳手、水平尺、小线等。

施工前应保证：

(1) 施工现场具备三通一平，满足施工要求。

(2) 箱体顶进前完成线路加固工作、完成既有线路监测布置。

(3) 工作坑作业范围内的地上构筑物、地下管线调查、改移已完成。

12.2 施 工 操 作 工 艺

1. 工艺流程

箱涵顶进施工工艺流程，如图 12-3 所示。

2. 施工操作方法及技术要求

(1) 现场调查

主要内容包括：

1) 客、货车辆运行状况，车辆通过次数、车辆间隔和运行速度、股道数量、间距和高程；线路及道岔种类和使用性质；并应了解路基中埋设的地下管线、电缆及其他障碍物等情况及所属单位对施工的要求；施工期间交通疏导方案的可行性。

2) 设计桥涵长度、顶进坑位置和顶进方向是否与实际一致。

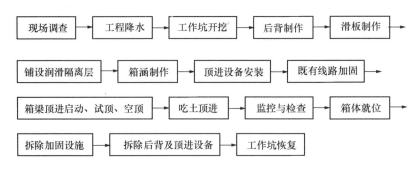

图 12-3 箱涵顶进施工工艺流程

3）桥涵结构设计能否满足顶进要求。

4）桥位及附近的地形、地貌及现况地面排水系统，工程地质及水文地质情况。

5）调查现况路基填筑情况，土层分布及分层高程。查清是一次填筑还是多次加宽填筑及路基历次加宽的纵向接缝位置。

（2）工程降水

1）桥涵顶进施工现场的排水、降水工作应根据设计文件、工程水文地质报告及现场调查情况，结合总平面布置做好临时排水与降水设计并在工作坑开挖前完成。

2）施工排水应结合总平面布置完善排水系统，保障地表水排放通畅，工作坑及顶进作业工作区段路基附近不得积水浸泡。工作坑周围要设截流挡水围堰，防止雨水灌入工作坑。工作坑内周边要设排水沟、集水井，设泵排除坑内积水。

3）工作坑施工降水工作应根据工程、水文地质报告及需要降低水位高度，合理选择降水方法，做好降水设计并在开挖前实施，将水位降至基底下 0.5～1m 以下，以利干槽施工。

（3）顶进工作坑开挖

1）工作坑应根据线路平面、现场地形和地质条件，选择挖填数量少、顶进长度短的位置。

2）工作坑两侧边坡应视土质情况而定，地质边坡宜为 1:0.75～1:1.5，靠铁路路基一侧的边坡宜缓于 1:1.5，工作坑距最外侧铁路中心线不得小于 3.2m。

当工作坑需要度汛时，路基边坡应加固防护，或放缓边坡，顶进时箱体刃脚入土后方可拆除防护设施。

3）工作坑的尺寸除应根据结构尺寸确定外，宜在桥身底板前留适当的空顶长度；在桥身底板后亦留适当位置，布置后背梁及其他顶进、装运、起吊设备。桥身两侧可视结构高度、横板支搭方法和排水方法等情况预留适当宽度。

4）开挖工作坑应与修筑后背统筹安排，当采用钢板桩做后背时，应先打板桩再开挖工作坑和填筑后背土。

5）工作坑底应密实平整，并有足够的承载力。

（4）后背制作

1）后背必须有足够的强度、刚度和稳定性。常用后背有板桩墙式及重力式两种，可依据顶推反力大小，现场条件及地质地形情况选用；城市桥梁工程箱涵顶进后背，宜采用施工速度快、拆除便携的钢板桩（或型钢）后背。顶推反力大时，可使用组合后背。

2）后背梁可现浇，如图 12-4 所示，或预制钢筋混凝土板梁，后背梁与板桩应密贴。后背墙后填土，应夯填密实。

图 12-4　浇筑成型的后背梁

（5）滑板制作

滑板应满足箱涵预制、定位、导向的需要。在箱涵的预制、启动、顶进过程中要有足够的强度、刚度和抗滑动稳定性。滑板的结构，根据工作坑基底土质情况及不同的顶进方法，可采用钢筋混凝土、混凝土或其他结构形式，如图 12-5 所示。滑板的修筑应符合下列要求：

图 12-5　制作完成后的滑板

1）滑板中心线应与桥涵设计中心线一致。

2）滑板与地基接触部分应有防滑措施，必要时在滑板下设锚梁；滑板的平面尺寸，箱涵的两侧及前端应较箱涵底板宽 0.5～1m，尾端应与后背梁相接；混凝土滑板和锚梁要同时浇筑，不得留施工缝。

3）根据地质及线路使用情况可将滑板顶面做成前高后低的仰坡（船头坡），一般坡度为 3‰。

4）当桥涵空顶时，可在滑板两侧设方向支墩。

（6）铺设润滑隔离层

1）润滑隔离层可用工业石蜡、机油、滑石粉等材料涂敷。

2）工业石蜡等涂料的涂敷稠度，应视石蜡材料的软硬（针入度值）和施工温度而定，可掺兑机油来调整其稠度，具体掺兑比例可据现场试验，热涂流动性好。冷凝后与滑板粘结牢固，硬度适宜、不软、不脆即可。

3）隔离层施工前应保持干燥，清扫干净，不得有浮灰。按箱涵底板平面放线周边放宽100～200mm作为涂蜡范围。

4）隔离层应顺箱涵顶进方向纵向分条涂敷，一般可在滑板顶面绷紧一条直径3mm钢丝，用刮板将加热到150℃的石蜡沿钢丝刮平，厚度约3mm。

（7）箱涵制作

1）箱涵制作前，工作坑、滑板的平面位置、高程及滑板的纵坡应经检测合格并且滑板隔离层厚度、平整度符合要求。

2）箱涵预制轴线要与桥涵设计轴线一致，预制前要精确放线。

3）钢筋、模板、混凝土施工应符合设计要求及相关施工规范规定，如图12-6所示。

图12-6 箱涵钢筋绑扎

4）箱涵预制混凝土浇筑可采用二阶段法或三阶段法施工，当混凝土浇筑数量不大时，可先浇底板，二次浇中边墙及顶板，若混凝土浇筑方量很大，墙体和顶板同时浇筑困难时，可采用先浇底板，二次浇中边墙，三次浇顶板，分别在顶板加腋下及底板加腋上部位留施工缝，但底板和墙身、顶板等同一结构部位必须连续一次浇筑，如图12-7所示。模板拆除时，混凝土强度应符合设计要求。

图12-7 箱涵混凝土浇筑

5）箱涵前端周边宜设钢刃脚，为减小顶进开挖高度防止塌方，可设中平台及中刃脚，顶进时采用切土顶进减少塌方，如图 12-8 所示。

图 12-8　预制完成后的箱涵

6）箱涵顶进前箱涵顶板应按设计要求做好防水层及防护层。防护层混凝土顶面宜涂工业石蜡减阻，箱涵外侧边墙宜用涂敷法做侧墙防水。

7）箱涵顶面防护层混凝土应按预定就位纵坡预留纵横向排水坡度。坡度一般不小于3。

箱涵两侧应设集水槽、泄水管。必要时可在其前后端中墙处预留泄水管，防止大型箱涵顶面积水和向两侧排水浸泡路基。

（8）顶进设备及布置

1）应根据计算的最大顶力确定顶进设备，千斤顶（顶镐）的顶力可按额定顶力的 60%～70% 计算，并有备用千斤顶，如图 12-9 所示。

2）液压传动系统的动力机构、高压油泵、油箱及其辅助装置的布置，应与千斤顶配套。

图 12-9　顶进设备

3）液压系统的油管内径应按油量决定，但回油管路主油管的内径不得小于10mm，分油管的内径不得小于6mm。

4）油管应清洗干净，油路布置合理，密封良好，液压油脂应过滤。

5）液压系统的各部件，应单体试验，合格后方可安装。全部安装后必须试运转，检查油路、千斤顶及控制台，达到要求方可使用。

6）顶进过程中，当液压系统发生故障时，严禁在工作状态下检查和调整。

7）顶镐安放在箱体底板后面的预埋钢板上，顶镐位置以箱体中心线为轴放置。

8）安装顶柱（顶铁），应与顶力轴线一致，并与后背梁垂直，应做到平、顺、直。

顶铁采用4m、2m、1m等不同长度，随顶进随加适当长度的顶铁。为使顶柱均匀地传力，增加稳定性，在后背梁处及顶柱长度每隔12m处排设一道钢横梁（大梁），每隔6m设置连接板一组，并使大梁与桥体轴线垂直，顶柱与桥体轴线平行。接换顶铁时，以箱体中线为轴两侧对称排列，做到平、顺、直，大梁与底板和后背梁的连接不得有间隙，出现间隙及时用适当厚度的钢板楔紧，再用水泥浆灌严。楔顶铁时，不得用铁锤猛击，以免铁垫板卷边，如发现铁垫板卷边、毛刺，及时修整后再使用。顶柱安装时要垫平，并在顶住间加填素土夯实，土面高出顶铁50cm，以增加顶柱的稳定性。

（9）既有路线加固（铁路加固）

1）铁路加固应根据顶进桥涵的平面尺寸、位置、高程及现况铁道线路特点（长短轨、道岔等），线间距、高程、股道数及路基宽度、密实情况、现场地形与线路重要程度，采取不同加固方法，并在开工前完成加固设计，报请铁路主管部门核准。

2）铁道线路加固常用扣轨、穿横梁、吊纵梁使多股线路形成一整体，提高其刚度，如图12-10所示。

图12-10 线路加固架空

3）在顶进前方路基对面打入抗推桩，桩顶横系梁与加固横梁连接，承受顶进过程箱涵对铁道线路横向推力。抗推桩水平荷载可按箱顶线路及加固材料重量与箱顶摩阻计算。

4）也可在后背土压力影响区外设地锚，用拉杆与加固横梁拉紧，承受推移荷载。拉杆松紧程度应均匀一致，拉杆断面宜稍大，防止弹性变形过大。

(10) 顶进前的检查工作

1) 主体结构混凝土必须达到设计强度，防水层及防护层按设计完成；顶进作业面包括铁路路基下施工降水已达到基底下 0.5m 以下。

2) 线路加固、顶进设备及各类施工机械应符合要求；顶进后背达到施工组织设计的规定要求。

3) 现场照明、液压系统安装及试验结果应符合要求。

4) 运营部门协商确认的施工计划、线路监测抢修人员及设备工具、通信器材等应准备完毕。

5) 工作坑内所有与顶进无关的材料、物品和设施均已清运出现场。工作坑内所有与顶进无关的人员全部撤离出现场。

(11) 箱梁顶进启动应符合下列要求：

1) 启动时，必须由主管施工技术人员专人统一指挥。

2) 液压泵站应空运转一段时间，检查顶进设备、电源、液压系统、检测指示仪表，无异常情况再开始试顶进，如图 12-11 所示。

图 12-11 箱梁顶进启动

3) 液压千斤顶顶紧后（顶力在 0.1 倍结构自重），应暂停加压，检查顶进设备、顶进后背和各部位，无异常情况，方可分级加压试顶进。

4) 顶进启动时和加压顶进时，每当油压升高 5~10MPa 时，须停泵观察，监测人员应严密监控顶镐、顶柱、后背、滑板、箱涵结构等各部位的变形情况，发现异常情况，立即停止顶进。分析原因，采取措施后，方可重新加压顶进。

5) 当顶力达到 0.8 倍结构自重时箱涵未启动，应停止加压顶进，分析原因、采取措施后重新加压顶进。

6) 箱涵启动后，应及时检查后背、工作坑周边土体稳定情况，无问题后，方可继续顶进。

(12) 顶进挖土

1) 根据桥涵的净空尺寸、土质情况，可采取人工挖土或机械挖土，如图 12-12 所示。一般宜选用小型反铲按设计开挖坡度开挖，每次开挖进行 0.4~0.8m，配装载机或直接用挖掘机装汽车出土。顶板切土，侧墙刃脚切土及底板前清土须由人工配合。挖土顶进作业应三班连续，不得间断。

图 12-12　顶进挖土

2）两侧应欠挖 50mm，钢刃脚切土顶进。当数斜交涵时，前端锐角一侧清土困难应优先开挖。如设有中刃脚时应紧切土前进，使上下两层隔开，不得挖通漏天，平台上不得积存土壤。

3）列车通过时严禁继续挖土，人员应撤离开挖面。当挖土或顶进过程中发生塌方，影响行车安全时，应迅速组织抢修加固，做出有效防护。

4）挖土工作应与观测人员密切配合，随时根据桥涵顶进轴线和高程偏差，采取纠偏措施。

5）每次顶进应检查液压系统、顶柱（铁）安装和后背变化情况等。

6）挖运土方与顶进作业循环交替进行。每前进一顶程，即应切换油路，并将顶进千斤顶活塞复原；按顶进长度补放小顶铁，更换长顶铁，安装横梁，如图 12-13 所示。

图 12-13　顶铁接长

7) 桥涵身每前进一顶程，应观测轴线和高程，发现偏差及时纠正。

8) 箱涵在吃土顶进前，应及时调整好箱涵的轴线和高程。在铁路路基下吃土顶进，不宜对箱涵作较大的轴线、高程调整动作。

（13）监控与检查

1) 桥涵顶进前，应对箱涵原始（预制）位置的里程、轴线及高程测定原始数据并记录。顶进过程中，每一顶程要观测并记录各观测点左、右偏差值；高程偏差值和顶程及总进尺。观测结果要及时报告现场指挥人员，用于控制和校正。

箱涵顶进施工
参考视频 1

2) 桥涵自启动起，对顶进全过程的每一个顶程都应详细记录千斤顶开动数量、位置，油泵压力表读数、总顶力及着力点。如出现异常应立即停止顶进，检查分析原因，采取措施处理后方可继续顶进。

3) 桥涵顶进过程中，每天应定时观测箱涵底板上设置观测标钉的高程，计算相对高差、展图，分析结构竖向变形。对中边墙应测定竖向弯曲，当底板及侧墙出现较大变位及转角时应及时分析研究采取措施。

箱涵顶进施工
参考视频 2

4) 顶进过程中要定期观测箱涵裂缝及开展情况，重点监测底板、顶板、中边墙、中继间牛腿或剪力铰和顶板前、后悬臂板，发现问题应及时研究采取措施。

（14）箱体就位

箱体就位及时拆除后背及顶进设备，及时按设计要求和施工组织设计的规定进行工作回填，或进行下道工序施工。

箱涵顶进施工
参考视频 3

12.3 施工检验质量标准

1. 箱涵施工涉及模板与支架、钢筋、混凝土质量检验应符合质量验收规范相关要求的规定。

2. 滑板质量检验应符合下列规定

（1）主控项目

滑板轴线位置、结构尺寸、顶面坡度、锚梁、方向墩等应符合施工设计要求。检查数量：

全数检查。

检验方法：观察、检查施工记录。

（2）一般项目

滑板允许偏差应符合表 12-1 的规定。

3. 预制箱涵质量检验应符合下列规定

一般项目：

（1）箱涵预制允许偏差应符合表 12-2 的规定。

滑板允许偏差表　　　　　　　　　　　　　表 12-1

序号	项目	允许偏差（mm）	检验频率 范围	检验频率 点数	检验方法
1	中线位移	≤50	每座	4	用经纬仪测量纵、横各 1 点
2	高程	+5, 0	每座	5	用水准仪测量
3	平整度	≤5	每座	5	用 3m 直尺取最大值

注：滑板宜有高后低的仰坡。

箱涵预制允许偏差　　　　　　　　　　　　表 12-2

项 目		允许偏差（mm）	检验频率 范围	检验频率 点数	检 验 方 法
断面	净空宽	±30	每座每节	6	用钢尺量，沿全长中间及两端的左、右各 1 点
断面	净空高	±50	每座每节	6	用钢尺量，沿全长中间及两端的上、下各 1 点
厚度		±10	每座每节	8	用钢尺量，每端顶板、底板及两侧壁各 1 点
长度		±50	每座每节	4	用钢尺量，两侧上、下各 1 点
侧向弯曲		$L/1000$	每座每节	2	沿构件全长拉线、用钢尺量，左、右各 1 点
轴线偏位		10	每座每节	2	用经纬仪测量
垂直度		≤0.15%H，且≤10	每座每节	4	用经纬仪测量或垂线和钢尺量，每侧 2 点
两对角线长度差		75	每座每节	1	用钢尺量顶板
平整度		5	每座每节	8	用 2m 直尺、塞尺量（两侧内墙各 4 点）
箱体外形		符合 CJJ 2—2008 规范 19.3.1 条规定	每座每节	5	用钢尺量，两端上、下各 1 点，距前端 2m 处 1 点

（2）混凝土结构表面应无孔洞、露筋、蜂窝、麻面和缺棱掉角等缺陷。

检查数量：全数检查。

检验方法：观察。

4. 箱涵顶进质量检验应符合下列规定

一般项目：

（1）箱涵顶进允许偏差应符合表 12-3 的规定。

箱涵顶进允许偏差　　　　　　　　　　　　表 12-3

项目		允许偏差（mm）	检验频率 范围	检验频率 点数	检 验 方 法
轴线偏位	$L<15m$	100	每座每节	2	用经纬仪测量，两端各 1 点
轴线偏位	$15m≤L≤30m$	200	每座每节	2	用经纬仪测量，两端各 1 点
轴线偏位	$L>30m$	300	每座每节	2	用经纬仪测量，两端各 1 点
高程	$L<15m$	+20 －100	每座每节	2	用水准仪测量，两端各 1 点
高程	$15m≤L≤30m$	+20 －150	每座每节	2	用水准仪测量，两端各 1 点
高程	$L>30m$	+20 －200	每座每节	2	用水准仪测量，两端各 1 点
相邻两端高差		50	每座每节	1	用钢尺量

注：表中 L 为箱涵沿顶进轴线的长度（m）。

(2) 分节顶进的箱涵就位后，接缝处应直顺、无渗漏。

检查数量：全数检查。

检验方法：观察。

习　题

1. 填空题

(1) 涵身混凝土浇筑两阶段施工时，待底板混凝土达到设计强度＿＿＿＿＿＿后，再施工中、边墙及顶板。

(2) 顶进作业时，桥涵身每前进一顶程，应观测＿＿＿＿＿＿和＿＿＿＿＿＿，发现偏差及时纠正。

(3) 桥涵自启动起，对顶进全过程的每一个顶程都应详细记录千斤顶开动数量、位置，＿＿＿＿＿＿、总顶力及着力点。如出现异常应＿＿＿＿＿＿，＿＿＿＿＿＿，采取措施处理后方可继续顶进。

2. 选择题

(1) 箱涵顶进作业应在地下水位降至基底以下(　　)进行。

A. 0.3～0.5m　　　　　　　　B. 0.5～0.7m

C. 0.5～1.0m　　　　　　　　D. 1.0～1.5m

(2) 箱涵顶进挖运土方时，挖土的进尺可根据土质确定，当选用小型反铲挖土机时，一般宜为(　　)。

A. 0.2～0.4m　　　　　　　　B. 0.3～0.6m

C. 0.4～0.8m　　　　　　　　D. 0.5～0.9m

(3) 箱涵顶进挖土应在(　　)时间进行。

A. 列车低速运行时　　　　　　B. 列车运行间隙

C. 列车运行时　　　　　　　　D. 列车减速运行时

(4) 箱涵顶进施工中，当顶力达到(　　)倍结构自重时箱涵未启动，应立即停止顶进，找出原因采取措施解决后方可重新加压顶进。

A. 0.5　　　　　　　　　　　B. 0.6

C. 0.8　　　　　　　　　　　D. 1.0

(5) 关于箱涵顶进的说法，正确的是(　　)。

A. 箱涵主体结构混凝土强度必须达到设计强度的75％

B. 当顶力达到0.9倍结构自重时箱涵未启动，应立即停止顶进

C. 箱涵顶进必须避开雨期

D. 顶进过程中，每天应定时观测箱涵底板上设置观测标钉的高程

3. 简答题

(1) 现场调查内容有哪些？

(2) 滑板制作的技术要求有哪些？

项目 13 桥面防水层和铺装层施工

13.1 桥面防水层施工

项目概述

桥面防水层是防止桥面雨水、雪水向主梁渗透而减低桥梁耐久性、引起桥体破坏等而设的材料层（隔水设施）。防水层一般设在桥面铺装层和桥面板之间，将透过铺装层的渗入水汇集到排水设施排出。桥面防水层有刚性和柔性两大类。刚性防水层是通过加强水泥混凝土的密实性以及减少或封闭水泥混凝土层表面裂缝来实现截断桥面雨水渗透目的的，一般用在水泥混凝土铺装层之下，柔性防水层是将高分子涂料、沥青防水卷材等隔水性能好的柔性材料薄层涂刷或粘贴于桥面混凝土基层上，从而形成能够有效阻止雨水下渗的隔水层，柔性防水层一般做在沥青混凝土铺装层之下，本项目主要学习柔性防水层的涂膜防水层施工，涂膜防水是在自身有一定防水能力的结构层表面涂刷一定厚度的防水涂料，经常温胶联固化后，形成一层具有一定坚韧性的防水涂膜的防水方法。

项目学习目标

1. 了解涂膜防水层的施工方法、施工流程。
2. 掌握涂膜防水层的施工技术要求。
3. 能按质量验收规范进行防水施工质量检测验收。

13.1.1 施工前准备工作

1. 技术准备

（1）认真熟悉图纸，根据现场条件编制施工方案、确定桥梁涂层防水范围、施工顺序、施工方法。

（2）对操作人员进行培训，向班组进行技术交底。

（3）组织施工测量放线。

2. 材料要求

防水涂料性能应符合《道桥用防水涂料》JC/T 975—2005、《城市桥梁桥面防水工程技术规程》CJJ 139—2010 等的要求。主要技术指标表应满足规范要求，见表 13-1。

防水涂料主要技术指标　　　　表 13-1

序号	项目	类型	
		I	II
1	外观	搅拌后为黑色或蓝褐色均质液体，搅拌棒上不粘附任何明显颗粒	
2	固体含量（%）	≥45	≥50

续表

序号	项 目	类 型	
		I	II
3	表干时间（h）≤	4	
4	实干时间（h）≤	12	
5	耐热度（℃）	160±2	180±2
		无流淌、滑动、滴落	
6	不透水性 0.3mPa，30min	不透水	
7	抗冻性，-20℃	30 次不开裂	
8	柔韧性（℃）	-15±2	-25±2
		无裂纹	
9	断裂伸长率≥	800%	
10	高温抗剪，60℃（mPa）	0.20	
11	粘结性（mPa）≥	0.5	
12	腐蚀性 耐碱（20℃）	$Ca(OH)_2$ 中浸泡 15d 无异常	
	耐盐水（20℃）	3%盐水中浸泡 15d 无异常	

目前在桥梁中广泛使用的 PB-1 聚合物改性沥青防水涂料是以多种橡胶共同复合对沥青进行改性，配制而成的聚合物改性沥青防水涂料。主要的优点是改性沥青中的橡胶形成连续网络而互相贯穿、交联，使改性呈现出高聚物性能；涂膜干后，保持橡胶弹性，低温柔性；抗剪切力强，能经受桥面长期荷载而抗压的要求，可防止渗水造成结构破坏，延长公路桥梁使用寿命。还具有无毒、无味、无环境污染，冷施工的优点，是桥面较为理想的防水材料。其性能指标完全符合规范要求。

3．施工机具

主要机具：清渣机、强力吹风机、电动搅拌器、无气沥青喷涂机、发电机等

4．施工操作工艺（以 PB-1 聚合物改性沥青防水涂料为例）

（1）施工工艺流程：

改性沥青水性防水涂料施工工艺流程，如图 13-1 所示。

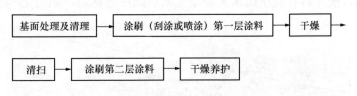

图 13-1 改性沥青水性防水涂料工艺流程图

（2）施工操作方法及技术要求：

1）基层清理：

① 清除桥面的土石等杂物，用清渣机对桥面进行清理，直至清理到符合上述要求，如图 13-2 所示。处理完毕后用高压吹风机吹净桥面，如图 13-3 所示。保证桥面平整洁净，如图 13-1 所示。

图 13-2　基面清理

图 13-3　吹净桥面

② 使用喷砂机械对桥梁表面进行喷砂处理，把混凝土渗到表面的浮浆层打碎吸除，清理容易松动的表面层，揭开混凝土内部蜂窝状小孔与外界联系的封锁层，获得干净、坚硬且粗糙的麻面，使涂料有利于向水泥混凝土基层的渗透粘结，如图 13-4 所示。

图 13-4　桥面喷砂

③ 基面清理要求：

A. 将基面的浆皮、浮灰、杂物等彻底清除干净。

B. 基面应坚实、平整、粗糙。不得有灰尘、浮浆、起砂、空鼓、开裂等现象。

C. 基面上不能有钢筋外露以及尖锐突出物。

D. 桥面不得有潮湿、积水等现象。

2）防水涂料涂布：

① 喷涂第一遍防水涂料前，应采用毛刷将桥面排水口、转角等处先行涂刷，然后再进行大面积喷涂。

② 喷涂必须均匀，不得有露底和涂料堆积现象，注意不能产生气泡，若产生气泡应及时消除。为达到上述指标，喷涂机出口压力应符合操作规程。

③ 第一遍喷涂完毕后，其表面应进行保护，且应保持清洁。在涂刷范围内，严禁各种车辆行驶和人员踩踏。

④ 铺贴无碱玻璃纤维布，作为胎体增强材料宜边涂布边铺胎体；铺贴时应沿顺桥面行车方向，自最低处开始向高处铺贴并顺桥宽方向搭接，高处胎体增强材料应压在低处胎体增强材料之上。沿胎体的长度方向搭接宽度不得小于70mm，沿胎体的宽度搭接宽度不得小于50mm，严禁沿道路宽度方向无碱玻璃纤维布搭接形成通缝。无碱玻璃纤维布应铺贴平整，排除气泡，并应与涂料粘接牢固。在胎体上涂布涂料时，应使涂料浸透无碱玻璃纤维布，覆盖完全，不得有无碱玻璃纤维布外漏现象。

⑤ 防水涂料应保障固化时间，待涂布的涂料干燥成膜后，方可涂布下一遍涂料。涂层的厚度应均匀，且表面应平整，其总厚度应达到设计要求。注意应涂布均匀，不得有漏涂和涂料堆积现象。

⑥ 防水涂料施工时应先做好节点处理，然后再进行大面积涂布。桥面板泄水口、防撞墙边角等处特殊部位应按设计要求做细部增强处理，不得有削弱、断开、流淌和堆积现象，如图13-5所示。

图13-5　涂布防水涂料

⑦ 防水层施工完毕后养护时间应不少于24h，使其达到一定强度。养护期间禁止车辆通行，防止防水层遭受破坏。

涂膜防水层涂布参考视频

⑧ 喷涂第一遍防水涂料时，应适当加水稀释，使其具有一定的渗透性，然后再喷涂第二遍涂料。

⑨ 成品保护：未实干前禁止行人及车辆行走。要求聚合物防水层连续喷涂完毕后，一定要在涂膜干燥后再进行摊铺沥青混凝土面层，一般在48h后方可进行。如防水养护不好，在摊铺时容易将防水层破坏。桥面防水层不彻底干燥，可能影响沥青混凝土与水泥混凝土桥面的粘结力，桥面沥青混凝土易出现拥包现象。

13.1.2 施工质量检验标准

1. 主控项目

（1）防水材料的品种、规格、性能、质量应符合设计要求和相关标准规定。

检查数量：全数检查。

检验方法：检查材料合格证、进场验收记录和质量检验报告。

（2）防水层、粘结层与基层之间应密贴，结合牢固。

检查数量：全数检查。

检验方法：观察、检查施工记录。

2. 一般项目

（1）混凝土桥面防水层粘结质量和施工允许偏差应符合表 13-2 的规定。

混凝土桥面防水层粘结质量和施工允许偏差 表 13-2

项目	允许偏差（mm）	检验频率 范围	检验频率 点数	检验方法
卷材接茬搭接宽度	不小于规定	每 20 延米	1	用钢尺量
防水涂膜厚度	符合设计要求，设计未规定时±0.1	每 200m²	4	用测厚仪检测
粘结强度（MPa）	不小于设计要求，且≥0.3（常温），≥0.2（气温≥35℃）	每 200m²	4	拉拔仪（拉拔速度：10mm/min）
抗剪强度（MPa）	不小于设计要求，且≥0.4（常温），≥0.3（气温≥35℃）	1 组	3 个	剪切仪（剪切速度：10mm/min）
剥离强度（N/mm）	不小于设计要求，且≥0.3（常温），≥0.2（气温≥35℃）	1 组	3 个	90°剥离仪（剪切速度：10mm/min）

（2）钢桥面防水粘结层质量应符合表 13-3 的规定。

钢桥面防水粘结层质量 表 13-3

项目	允许偏差（mm）	检验频率 范围	检验频率 点数	检验方法
钢桥面清洁度	符合设计要求	全部		GB/T 8923.1—2011 规定标准图片对照检查
粘结层厚度	符合设计要求	每撒布层	6	用测厚仪检测
粘结层与基层结合力 MPa	不小于设计要求	每撒布层	6	拉拔仪检测
防水层总厚度	不小于设计要求	每撒布层	6	用测厚仪检测

（3）防水材料铺装或涂刷外观质量和细部做法应符合下列规定：
① 卷材防水层表面平整，不得有空鼓、脱层、裂缝、翘边、油包、气泡和皱褶等现象。
② 涂料防水层的厚度应均匀一致，不得有漏涂处。
③ 防水层与泄水口、汇水槽接合部位应密封，不得有漏封处。
检查数量：全数检查。
检验方法：观察。

13.2 桥面铺装

项目概述

桥面铺装又称车道铺装，是用沥青混凝土、水泥混凝土、高分子聚合物等材料铺筑在桥面板上铺筑的保护层，其作用是保护桥面板防止车轮或履带直接磨耗桥面，保护主梁免受雨水侵蚀，并借以分散车轮的集中荷载。合理和可靠的桥面铺装体系，不仅能为桥梁提供行驶性能良好而耐久的桥面，而且能作为桥面板的有效防护体系，防止水分的渗透，保证桥梁结构耐久性。

常用的桥面铺装有水泥混凝土、沥青混凝土两种铺装形式。在不设防水层的桥面上，也有采用防水混凝土铺装的。水泥混凝土铺装的造价低，耐磨性能好，适合重载交通，但养护期长，日后修补比较麻烦。沥青混凝土铺装较轻，维修养护方便，通车速度快，但易老化和变形。本项目分别学习水泥混凝土及沥青混凝土桥面铺装的施工。

项目学习目标

1. 掌握水泥混凝土桥面和沥青混凝土桥面铺装工艺流程和施工技术要求。
2. 能按质量验收规范进行桥梁铺装质量检查验收。

13.2.1 施工前的准备工作

1. 技术准备

（1）认真熟悉设计图纸，根据现场条件编制施工方案，报监理部门批准。

（2）施工前将进行施工技术交底、安全交底，使每个现场施工人员能够熟悉、了解并掌握桥面铺装施工要点。

（3）桥面铺装施工前认真仔细复测桥梁顶面标高，确保桥面铺装层厚度满足设计规范要求。

2. 材料要求

（1）桥面铺装层所用水泥混凝土、沥青混凝土材料应符合设计要求、现行产品标准规定及施工规范要求。

（2）按程序对进场的材料进行检验，合格后方可使用。

3. 机械与设备

（1）机械设备的型号、数量必须满足施工需要和《招标文件》的要求。

（2）机械性能良好，关键设备要有备用，需要组装和调试的设备在开工前调试完毕。

(3) 各种小型机具要配备齐全，要满足施工需要。

(4) 沥青混凝土桥面铺装主要机械设备：沥青混合料运输自卸车、沥青混合料摊铺机、压路机、切割机、小型铣刨机等。

(5) 水泥混凝土桥面铺装主要机械设备：混凝土运输车、水泥混凝土摊铺机、平板振捣器、振捣棒、振捣梁、切缝机、钢筋加工设备等。

13.2.2 施工操作工艺

1. 水泥混凝土铺装层施工

(1) 工艺流程：

水泥混凝土桥面施工工艺流程如图 13-6 所示。

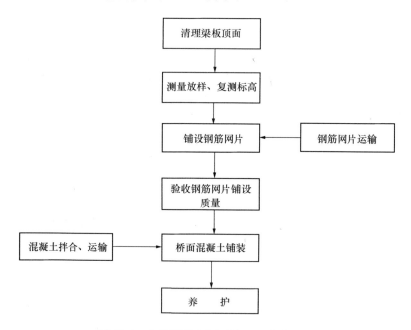

图 13-6 水泥混凝土桥面施工工艺流程图

(2) 施工操作方法与技术要求：

1) 清理梁板顶面：彻底清除桥面板顶面的浆皮、浮灰、杂物等，用高压水冲洗干净，保证基面坚实平整、粗糙，并调整倒伏的预埋钢筋，如图 13-7 所示。

图 13-7 桥面清理
(a) 凿毛机凿出浮浆、浮渣；(b) 高压水枪冲洗桥面

2) 测量放样、标高复测

标高带平面控制直线段内按 5m 一个点放样，曲线段加密测量点，如图 13-8 所示。

3) 铺设钢筋网片

① 成品钢筋网片要严格按照图纸要求铺设，横、纵向搭接部位对应放置，搭接长度为 30d，采用火烧丝全接点绑扎，扎丝头朝下。

② 现场绑扎成型的钢筋网片，其横、纵向钢筋按设计要求排放，钢筋的交叉点应用火烧丝绑扎结实，必要时，可用点焊焊牢。绑扎接头的搭接长度应符合设计及规范要求。

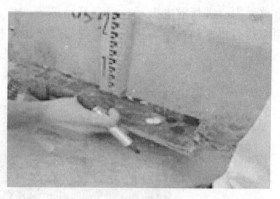

图 13-8 测量划线

③ 钢筋网片的下保护层采用塑料耐压垫块或同强度等级砂浆垫块支垫，呈梅花形均匀布设，确保保护层厚度及网片架立刚度符合设计及规范要求。对采用双层钢筋网时，两层钢筋网片之间要设置足够数量的定位撑筋，如图 13-9 所示。

图 13-9 钢筋网铺设

4) 标高带浇筑，标高带设置在桥面两侧，防撞墙和护栏底座同时浇筑至标高带高程，标高带宽度根据铺装机械长度确定，标高带内横向钢筋预留长度满足横向钢筋网的搭接长度。标高带混凝土采用吊车配合吊斗浇筑，采用振捣梁振捣，收光后用白色土工布覆盖洒水养护，拆模后及时清除浮浆，防撞墙底座及护栏底座范围内拉毛处理。

5) 桥面混凝土浇筑

① 混凝土浇筑前保证桥面板干净，钢筋网片布设位置正确，连接牢固；同时伸缩缝处用泡沫板进行塞填，以免混凝土灌入。

② 混凝土要从低端开始向另一端连续推进浇筑。混凝土的布料高度根据铺装层的厚度和混凝土混合料的施工性能确定，根据现场施工环境选取取合适的布料系数，使布料平整均匀。

③ 采用摊铺整平机施工（图 13-10），每作业单元的长度为 15m 左右，在一个作业长

度单元内应进行前进振动,后退静滚的方式作业,振动和静滚交叉进行,反复进行 2～3 遍,然后将振动轴提离标高带,前后静滚至平整度符合要求然后用 3M 刮尺饰面。

图 13-10 三辊轴摊铺机施工

水泥混凝土桥面铺装现场视频

全断面现浇施工工法参考视频

6)拉毛及养护:饰面后可用人工或机械进行表面拉毛处理,拉毛和压槽深度为 1～2mm,线条应均匀、顺直。拉毛成型后,用保水材料进行覆盖,进行洒水养护。养护期不少于 7d。

2.沥青混凝土铺装层施工

桥面沥青混凝土与同等级公路沥青混凝土路面的材料、工艺、施工方法相同。

(1)工艺流程:沥青混凝土铺装层施工工艺流程如图 13-11 所示。

(2)施工操作方法与技术要求:

1)下承层检验:沥青混凝土铺装层施工前应对桥面检验,桥面基层应平整、粗糙、干燥、桥面横坡符合设计要求。

2)沥青混合料摊铺、碾压:

A.沥青混凝土桥面铺装的沥青混合料摊铺应采用自动控制的轮胎或履带式摊铺机铺筑。

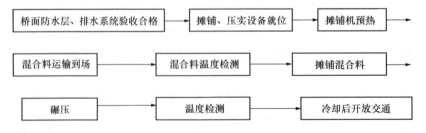

图 13-11 沥青混凝土桥面铺装工艺流程图

B.沥青混凝土桥面铺装的摊铺、碾压工艺应符合道路工程施工规范的相关规定。

3)在水泥混凝土桥面上铺筑时应符合下列要求:

① 铺筑前应在桥面防水层上撒布一层沥青石屑保护层，或在防水粘结层上撒布一层石屑保护层，并用轻碾慢压。

② 沥青铺装宜采用双层式，底层宜采用高温稳定性较好的中粒式密级配热拌沥青混合料，表层应采用防滑面层。

③ 铺装宜采用轮胎或钢筒式压路机碾压。

4）在钢桥面上铺筑沥青铺装层应符合下列要求：

① 铺装材料应防水性能良好，具有高温抗流动变形和低温抗裂性能；具有较好的抗疲劳性能和表面抗滑性能；与钢板粘结良好，具有较好的抗水平剪切、重复荷载蠕变变形能力。

② 桥面铺装宜采用改性沥青，其压实设备和工艺应通过试验确定。

③ 在桥面铺装宜在无雨、少雾季节、干燥状态下施工。施工气温不得低于15℃。

④ 桥面铺筑沥青铺装层前应涂刷防水粘结层。涂防水粘结层前应磨平焊缝、除锈、除污，涂防锈层。

沥青混凝土桥面铺装施工实例工艺简介

⑤ 采用浇筑式沥青混凝土铺筑桥面时，可不设防水粘结层。

13.2.3 施工质量检验标准

1. 主控项目

（1）桥面铺装层材料的品种、规格、性能、质量应符合设计要求和相关标准规定。

检查数量：全数检查。

检验方法：检查材料合格证、进场验收报告和质量检验报告。

（2）水泥混凝土桥面铺装层的强度和沥青混凝土桥面铺装层的压实度应符合设计要求。

检查数量和检验方法应符合国家现行标准《城镇道路工程施工与质量验收规范》CJJ 1—2008 的规定。

2. 一般项目

（1）桥面铺装层允许偏差应符合表13-4及表13-5的规定：

水泥混凝土桥面铺装面层允许偏差　　　　表13-4

项目	允许偏差（mm）	检验频率		检验方法
		范围	点数	
厚度	±5	每20延米	3	用水准仪对比浇筑前后标高
横坡	±0.15%		1	用水准仪测量1个断面
平整度	符合城市道路面层标准	按城市道路工程检测规定执行		
抗滑构造深度	符合设计要求	每200m	3	铺砂法

注：跨度小于20m时，检验频率按20m计算。

沥青混凝土桥面铺装面层允许偏差　　　　　　　表 13-5

项　目	允许偏差（mm）	检验频率 范围	检验频率 点数	检验方法
厚度	±5	每 20 延米	3	用水准仪对比浇筑前后标高
横坡	±0.3%	每 20 延米	1	用水准仪测量 1 个断面
平整度	符合道路面层标准	按城市道路工程检测规定执行		
抗滑构造深度	符合设计要求	每 200m	3	铺砂法

注：跨度小于 20m 时，检验频率按 20m 计算。

（2）外观检查应符合下列要求：

1）水泥混凝土桥面铺装面层表面应坚实、平整，无裂缝，并应有足够的粗糙度；面层伸缩缝应直顺，灌缝应密实。

2）沥青混凝土桥面铺装层表面应坚实、平整，无裂纹、松散、油包、麻面。

3）桥面铺装层与桥头路接茬应紧密、平顺。

检查数量：全数检查。

检验方法：观察。

习　题

1. 填空题

（1）防水涂料施工时应先做好_____，然后再进行大面积涂布。桥面板泄水口、防撞墙边角等处特殊部位应按设计要求做_____处理，不得有削弱、断开、流淌和堆积等现象。

（2）防水涂料的喷涂必须均匀，不得有_____和_____现象，注意不能产生气泡，若产生气泡应_____。

（3）三辊轴摊铺机摊铺水凝混凝土时，采用_____振动，_____静滚的工艺，振动和静滚交叉进行。

（4）水泥混凝土桥面施工时，混凝土要从_____端开始向另一端_____浇筑。混凝土的布料高度根据_____和_____确定。

（5）在钢桥面上铺筑沥青铺装层，施工气温不得低于_____℃，铺筑前应涂刷_____，涂刷前应磨平_____、除锈、除污，涂防锈层。

2. 简答题

（1）涂膜防水层施工时，基面清理的要求有哪些？

（2）在水泥混凝土桥面上铺筑沥青混凝土桥面铺装层时应符合哪些要求？

项 目 实 训

【桥面防水及桥面铺装现场质量检验】

1. 实训任务与安排

选取校园实训场桥梁构造物或校外桥梁现场，依据质量控制与验收要求进行桥面防水及铺装相关设施的质量验收任务。并填写验收记录,见附表9~附表11。

2. 工具准备

验收项目所需检测工具。

3. 步骤

(1) 分组,每组5~10人。

(2) 每组由部分人员负责量测,另一部分人员负责记录。

(3) 根据实际验收数据填写验收记录。

(4) 各组互换验收记录并给出验收结论。

(5) 上交验收记录表。

附表 检验实验记录表

钻孔灌注桩终孔验收记录表 附表1

工程名称					桩号		
施工单位			班组长			钻机号	
设计桩径（mm）		设计桩长（mm）		设计孔深（m）		实际孔深（m）	
持力层名称			进入持力层深度（m）		嵌岩深度		
			设计	实际	强风化	中风化	微风化
地面标高							
开孔日期			终孔日期			孔底沉渣	
质量验收规范的规定				检验评定记录			监理验收记录
主控项目	桩位偏差（mm）						
	孔深（mm）						
一般项目	垂直度（%）						
	桩径（mm）						
	泥浆相对密度						
	泥浆面高出地下水标高（m）						
施工单位检查评定结果					项目专业质检员：		
监理（建设）验收结论					监理工程师： （建设单位项目专业技术负责）		

现浇承台混凝土外观质量验收记录 附表 2

工程名称				
施工单位				
分项工程名称		施工班组长		
验收部位		专业工长		
施工执行标准名称及编号		项目经理		

检控项目	质量验收规范规定		施工单位检查评定记录	监理（建设）单位验收记录
一般项目	第10.7.7条 现浇混凝土承台质量检验，应符合CJJ 2—2008规范第10.7.1条规定，且应符合下列规定： 2 承台表面应无孔洞、露筋、缺棱掉角、蜂窝、麻面和宽度超过0.15mm的收缩裂缝			
	项目（第10.7.7条1款之表10.7.7）	允许偏差（mm）	量测值（mm）	
	断面尺寸 长、宽	±20		
	承台厚度	0 +10		
	顶面高程	±10		
	轴线偏位	15		
	预埋件位置	10		

施工单位检查评定结果	项目专业质量检查员： 年 月 日
监理（建设）单位验收结论	专业监理工程师： （建设单位项目专业技术负责人）： 年 月 日

回弹仪测定水泥混凝土强度试验原始记录表　　　　　　　　　　　　附表 3

回弹法检测混凝土抗压强度原始记录及检测报告

工程名称											检测依据				《回弹法检测混凝土抗压强度技术规程》JGJ/T 23—2011					
构件名称											构件编号					构件说明				
修正方式						修正值						检测方式				批量检测修正系数				
混凝土类型						骨料类型						设计强度				测区数量				
测试角度						测试面						环境温度				测试日期/龄期				
回弹仪型号						仪器编号						率定值				检定证号				
测区	1	2	3	4	5	6	7	8	9	10	11	12	13	14	15	16	角修	面修	均值	碳化	强度
1																					
2																					
3																					
4																					
5																					
6																					
7																					
8																					
9																					
10																					
强度换算值平均值：												强度换算值标差：								
强度换算值最小值：												构件强度推定值：								

现浇混凝土盖梁质量检验检验批质量验收记录 　　附表 4

工程名称					
施工单位					
分项工程名称			施工班组长		
验收部位			专业工长		
施工执行标准名称及编号			项目经理		

检控项目	质量验收规范规定			施工单位检查评定记录	监理（建设）单位验收记录
主控项目	现浇混凝土盖梁不得出现超过设计规定的受力裂缝				
一般项目	项目		允许偏差（mm）	量测值（mm）	
	盖梁尺寸	长	+20 　10		
		宽	+10 　0		
		高	±5		
	盖梁轴线偏位		8		
	盖梁顶面高程		0 5		
	平整度		5		
	支座垫石预留位置		10		
	预埋件位置	高　程	±2		
		轴　线	5		
	第 11.5.5 条 3 款　盖梁表面应无孔洞、露筋、蜂窝、麻面				

施工单位检查评定结果	项目专业质量检查员： 　　　　　　　　　　　　　　年　月　日
监理（建设）单位验收结论	专业监理工程师： （建设单位项目专业技术负责人）： 　　　　　　　　　　　　　　年　月　日

注：1. 规范规定的施工过程控制要点见【检查验收时执行的规范条目】。
　　2. 现浇混凝土盖梁质量检验系完成现浇混凝土盖梁的各子项后进行的检查和验收。

预应力张拉记录

附表 5

实训项目名称：　　　　　　　　　　构件规格：
张拉时混凝土强度：　　　　　　　　千斤顶编号：

预应力筋编号	设计张拉应力值（kN）	计算伸长值（mm）	初张拉			安装张拉			张拉时伸长			滑丝记录	断丝记录	备注
			表读数（MPa）	张拉力（kN）	伸长读数（mm）	表读数（MPa）	张拉力（kN）	伸长读数（mm）	实测值 $(a)-(b)$	初张拉伸长值（mm）	张拉伸长值（mm）			
1	2	3	4	5	6	7	8	9	10	11	12	13	14	15

油压表编号：　　　　　　　　　　张拉日期：
技术负责人　　　　　　　　　　　记录　　　　　　　油泵操作

预应力张拉记录汇总表

附表 6

序号	构件编号	预应力筋编号	设计张拉应力值（MPa）	实际张拉应力值（MPa）	差值	滑丝记录	断丝记录	设计伸长量（mm）	实际伸长量（mm）	偏差 %	锚具形式
											夹片

负责人　　　　　　　　　质量员　　　　　　　　施工员

悬臂浇筑预应力混凝土梁 0 号段质量检验检验批质量验收记录　　附表 7

	工程名称				
	施工单位				
	分项工程名称		施工班组长		
	验收部位		专业工长		
	施工执行标准名称及编号		项目经理		
检控项目	质量验收规范规定			施工单位检查评定记录	监理（建设）单位验收记录

检控项目	质量验收规范规定			施工单位检查评定记录	监理（建设）单位验收记录
主控项目	1. 悬臂浇筑必须对称进行，桥墩两侧平衡偏差不得大于设计规定，轴线挠度必须在设计规定范围内。 2. 梁体表面不得出现超过设计规定的受力裂缝。 3. 悬臂合龙时，两侧梁体的高差必须在设计允许范围内				
一般项目	项目		允许偏差（mm）	量测值（mm）	
一般项目	轴线偏位	$L\leqslant 100m$	10		
一般项目	轴线偏位	$L>100m$	$L/10000$		
一般项目	顶面高程	$L\leqslant 100m$	± 20		
一般项目	顶面高程	$L>100m$	$\pm L/5000$		
一般项目	顶面高程	相邻节段高差	10		
一般项目	断面尺寸	高	$+5$ 10		
一般项目	断面尺寸	宽	± 30		
一般项目	断面尺寸	顶、底、腹板厚	$+10$ 0		
一般项目	合龙后同跨对称点高程差	$L\leqslant 100m$	20		
一般项目	合龙后同跨对称点高程差	$L>100m$	$L/5000$		
一般项目	横坡（%）		± 0.15		
一般项目	平整度		8		
一般项目	梁体线形平顺，相邻梁段接缝处无明显折弯和错台，梁体表面无孔洞、露筋、蜂窝、麻面和宽度超过 0.15mm 的收缩裂缝				
施工单位检查评定结果				项目专业质量检查员： 　　　　　　　　年　月　日	
监理（建设）单位验收结论				专业监理工程师： （建设单位项目专业技术负责人）： 　　　　　　　　年　月　日	

注：1. L 为桥梁跨度（m）。

结合梁钢梁安装检验批质量验收记录　　　　　　附表 8

工程名称								
施工单位								
分项工程名称					施工班组长			
验收部位					专业工长			
施工执行标准名称及编号					项目经理			
检控项目	质量验收规范规定				施工单位检查评定记录			监理（建设）单位验收记录
主控项目	1. 高强螺栓连接质量检验应符合 CJJ 2—2008 规范第 14.3.1 条第 2、3 款规定，其扭矩偏差不得超过±10%。 2. 焊缝探伤检验应符合 CJJ 2—2008 规范第 14.3.1 第 4 款规定							
一般项目	钢梁安装允许偏差							
	项　目		允许偏差（mm）		量测值（mm）			
	轴线偏位	钢梁中线	10					
		两孔相邻横梁中线相对偏差	5					
	梁底标高	墩台处梁底	±10					
		两孔相邻横梁相对高差	5					
	焊缝外观质量检验应符合 CJJ 2—2008 规范第 14.3.1 条第 6 款的规定							

施工单位检查评定结果	项目专业质量检查员： 年　月　日
监理（建设）单位验收结论	专业监理工程师： （建设单位项目专业技术负责人）： 年　月　日

桥面防水层检验收记录表　　　　　　　　　　　　附表 9

单位（子单位）工程名称											
分部（子分部）工程名称						验收部位					
施工单位						项目经理					
分包单位						分包项目经理					
施工执行标准名称及编号											
		施工质量验收规范的规定			施工单位检查评定记录						监理（建设）单位验收记录
主控项目	1	防水材料的品种、规格、性能、质量应符合设计要求和相关标准规定									
	2	防水层、粘结层与基层之间应密贴，结合牢固									
一般项目	1	卷材防水层表面平整，不得有空鼓、脱层、裂缝、翘边、油包、气泡和皱褶等现象									
	2	涂料防水层的厚度应均匀一致，不得有漏涂处									
	3	防水层与泄水口、汇水槽接合部位应密封，不得有漏封处									
	4	粘结质量和施工允许偏差	卷材接茬搭接宽度（mm）	不小于规定							
			防水涂膜厚度（mm）	符合设计要求；设计未规定时为±0.1							
			粘结强度（MPa）	不小于设计要求，且≥0.3（常温），≥0.2（气温≥35℃）							
			抗剪强度（MPa）	不小于设计要求，且≥0.4（常温），≥0.3（气温≥35℃）							
			剥离强度（N/mm）	不小于设计要求，且≥0.3（常温），≥0.2（气温≥35℃）							
	5	钢桥面防水粘结层质量	钢桥面清洁度	符合设计要求							
			粘结层厚度	符合设计要求							
			粘结层与基层结合力（MPa）	不小于设计要求							
			防水层总厚度	不小于设计要求							
施工单位检查评定结果			专业工长（施工员）					施工班组长			
			项目专业质量检查员：							年　月　日	
监理（建设）单位验收结论			专业监理工程师： （建设单位项目专业技术负责人）：							年　月　日	

水泥混凝土桥面铺装层检验批质量验收记录表

附表 10

单位（子单位）工程名称										
分部（子分部）工程名称						验收部位				
施工单位						项目经理				
分包单位						分包项目经理				
施工执行标准名称及编号										

		施工质量验收规范的规定			施工单位检查评定记录	监理（建设）单位验收记录
主控项目	1	桥面铺装层材料的品种、规格、性能、质量应符合设计要求和相关标准规定				
	2	水泥混凝土桥面铺装层的强度应符合设计要求				
一般项目	1	水泥混凝土桥面铺装面层表面应坚实、平整、无裂缝，并应有足够的粗糙度；面层伸缩缝应直顺，灌缝应密实				
	2	桥面铺装层与桥头路接茬应紧密、平顺				
	3	水泥混凝土桥面铺装面层允许偏差	厚度	+5mm		
			横坡	+0.15%		
			平整度	符合城市道路面层标准		
			抗滑构造深度	符合设计要求		
			平整度	±3mm		
			坡度	符合设计要求		

	专业工长（施工员）		施工班组长	
施工单位检查评定结果	项目专业质量检查员：			年　月　日
监理（建设）单位验收结论	专业监理工程师： （建设单位项目专业技术负责人）：			年　月　日

沥青混凝土桥面铺装层检验批质量验收记录表

附表11

单位（子单位）工程名称					
分部（子分部）工程名称				验收部位	
施工单位				项目经理	
分包单位				分包项目经理	
施工执行标准名称及编号					

		施工质量验收规范的规定		施工单位检查评定记录	监理（建设）单位验收记录
主控项目	1	材料质量			
	2	沥青混凝土桥面铺装层的压实度应符合设计要求			
一般项目	1	沥青混凝土桥面铺装层表面应坚实、平整，无裂纹、松散、油包、麻面			
	2	桥面铺装层与桥头路接茬应紧密、平顺			
	3	沥青面层允许偏差	厚度	±5mm	
			横坡	±0.3％	
			平整度	符合道路面层标准	
			抗滑构造深度	符合设计要求	

	专业工长（施工员）		施工班组长	
施工单位检查评定结果	项目专业质量检查员：			年　月　日
监理（建设）单位验收结论	专业监理工程师： （建设单位项目专业技术负责人）：			年　月　日

187

参 考 文 献

［1］ CJJ 2—2008 城市桥梁工程施工与质量验收规范. 北京：中国建筑工业出版社，2009.
［2］ JTG/TF 50—2011 公路桥涵施工技术规范. 北京：人民交通出版社，2011.
［3］ 中交第二公路工程局有限公司. 公路桥梁施工系列手册：梁桥. 北京：人民交通出版社，2014.
［4］ 中国公路建设行业协会. 公路工程工法汇编（上、下册）. 北京：人民交通出版社，2012.
［5］ 北京市政建设集团有限责任公司（企业标准）. 桥梁工程施工工艺规程. 北京：中国建筑工业出版社，2009.
［6］ 江西中煤建设集团有限公司（企业标准）. 市政工程施工工艺标准. 北京：人民交通出版社，2012.
［7］ 中交第一公路局有限公司（企业标准）. 公路工程施工工艺标准（桥涵）. 北京：人民交通出版社，2007.
［8］ 交通运输部公路局. 高速公路施工标准化技术指南 第四分册 桥梁工程. 北京：人民交通出版社，2012.
［9］ 王立信. 城市桥梁工程施工与质量验收手册. 北京：中国建筑工业出版社，2010.
［10］ 中交第二公路工程局有限公司. 公路桥梁施工系列手册：梁桥. 北京：人民交通出版社，2014.